부처님 군대 오신 날

맑은소리
맑은나라

부처님 군대 오신

날

우리 국민 모두는

언제고 군대에 가거나 혹은 가까운 청년남성을 통해

군대와 인연을 맺을 가능성이 아주 높을게다.

그래서 우리들은 어디에 가서

군불교를 소개하든 이 이야기를 꼭

하게 된다.

지금은 관심이 없어도
언젠가는 꼭 관심을 가지게 될,
혹은 가져야 할 분야가 될 것이라고 말이다.

서문

군불교

군법당

그리고

군법사

저자. 지용

군불교. 군법당. 그리고 군법사.

처음 군법사의 길을 가리라 마음을 먹고 시작한 지 25년이 넘었다. 불교학과 1학년 파릇파릇한 신입생들이 어깨동무하고 법사 시험을 보러 간 그때부터 우리의, 아니 나의 머릿속에 군불교라는 말이 늘 새겨져 있었으니까. 그런데 세상은 참 넓고 깊은 곳이어서 이 군법당에서 조금만 나서보면 알게 된다. 이 세상에서 군불교나 군법당을 아는 사람이 참 적다는 사실을.

불교 집안에서도 마찬가지인 듯하다. 그나마 스님들을 만나서 군법사 생활을 하고 있다고 하면 군 복무를 마치신 스님들은 좀 아는 척도 해주시고 격려도 해주시지만 대부분 그게 전부다. 비구니 스님들은 모르는 분이 더 많고, 일반 불자로 범위를 넓히면 군불교의 존재감이 아득해진다.

그래서 이렇게 불교계에서 글을 부탁하거나 방송에 출연할 때에는 거의 대부분 군불교에 대한 간단한 소개를 무한 반복한다. 청자나 독자들의 반응도 일관적이어서 언제나 신기해하고 또 낯설어한다. 물론 우린 그런 분 중에서 관심을 가져주고 힘을 모아주시는 분들이 늘 간절하지만. 한켠으론 우리도 안다. 요즘 세상 관심 가지고 도움 주어야 하는 곳들이 얼마나 많은 시절인지를. 그래서 매우 진부하고 고리타분한 이야기지만 지면을 통해서 다시 풀어놓는 것은 이런 포교 현장도 있다고 또 한 번 소개하고 싶은 마음에서이다.

이 책은 필자가 육군본부 군종실에 근무하던 2017~2018년까지 2년간 〈월간 맑은소리맑은나라〉에 연재한 글을 모은 것이다. 세상이 워낙 빠르게 변하다 보니 글의 소재들도 예전 일들이지만 글을 쓰던 때와 지금의 군대도 많이 바뀌었다. 그런 것을 감안하고 읽어 주시길 부탁드린다.

당연한 이야기지만 이 책에 담긴 일화들이 군불교의 전부가 아니다. 재미난 이야기들 위주로 쓰다 보니 슬프고 아픈 이야기나 진중한 사연들, 좀 깊고 엄숙한 사안들은 거의 언급되지 않았다. 아무리 중요한 이야기라도 재미없는 남의 이야기는 듣기 힘든 법이다. 그러기에 가급적 흥미로운 사건들을 다룬 것이니 그 또한 헤아려 주시길 바란다.

군법사 생활이 이제 곧 20년이 된다. 솔직히 군포교가 어떤 것인지 다 깨닫지도 못하는 사이 시간만 많이 허비한 것 같아 부끄러움이 크다. 처음 은사 스님 품을 떠나 입대를 할 때 스승님께서 해 주신 말씀이 생각난다. "어떤 대중

생활이건 앞서가는 사람들과 뒤따라가는 사람들이 있기 마련이니 최선을 다하는 가운데 화합하라"는 말씀이셨다. 와서 보니 실로 그 말씀이 틀리지 않았다. 하지만 내가 최선을 다하는 제자였을까. 그 또한 여전히 부족하고 부끄럽다.

감사해야 할 많은 분들이 떠오른다.

함량 미달의 글을 매달 독자에게 내보이는 것만으로도 죄송하였는데, 책 출간까지 힘껏 이끌어주신 김윤희 대표님께 첫 감사와 책임 또한 돌려드린다. 중간에서 초보 작가의 미숙함을 이모저모 보완해 준 베테랑 작가 유철주 팀장님께도 고마움을 전한다. 좋은 사진과 많은 조언을 주신 최고의 도반 법기 법사님께도 감사하다.

우선 함께 포교 현장을 지키고 있는 법사님들께 무한한 존경과 감사를 드린다. 날이 갈수록 어려워져가는 군불교의 구석구석을 버티고 있는 참 고마운 버팀목들이라 말씀드리고 싶다. 나를 군포교의 길로 안내해 주신 사형 스님과 진우스님, 그리고 20년의 길로 나를 이끌어주신 효산, 혜산, 보운 법사님을 비롯한 많은 선배님들께도 특별히 감사의 말씀을 올려야 할 듯하다.

무엇보다 부족한 제자를 세심하고 묵묵히 지도해주시는 흔들림 없는 나의 스승, 송강스님께 머리 숙여 감사드린다.

격려사

신축년 정초기도 중인 2월 말에 상좌 지용수좌가 가제본假製本 책 〈부처님 군대 오신 날〉 들고 왔다. 연중 가장 바쁜 일과를 소화해야 하는 기간이었는지라 늦은 밤에야 책을 살필 수 있었는데, 글씨가 비교적 작아서 눈을 비비며 봐야 했지만 두 번 펼쳐서 다 읽었다. 군종법사 소임을 보면서 겪었던 다양한 일화를 소개한 것이었는데, 쉬운 내용에 현장감 있는 표현이라서 단숨에 읽을 수 있었다.

　　책을 덮으며 나는 40년 전으로 돌아갔다. 선원과 강원을 거친 후 당시엔 서울의 중앙승가대에서 고려대장경과 남전대장경(일본어역본) 등을 섭렵하고 있을 때였는데, 인연 닿는 절에 법문을 해주고 법사 거마비를 받아 책을 사거나 하던 때였다. 그때 나는 군법당 몇 곳에도 법문을 해 주고 있었는데, 법사 거마비를 받아 군불자들의 간식을 사 가곤 했었다.
　　중앙승가대를 졸업한 후로는 종단의 소임과 방송 및 퇴락한 무허가 사찰의 중창불사 등으로 시간을 내기가 쉽지 않아서 군종법사들의 요청이 있을 때만 지원을 해주곤 했다.
　　지용수좌가 군종법사로 포교를 시작한 지 20년이 되어간다. 그동안 수많은 이들이 상좌 지용법사에 대한 얘기들을 전해 주었는데, 대부분 긍정적인 내용이었기에 믿고 지켜보는 입장이었다. 때때로 근무지를 옮긴다는 인사를 올 때마다 마치 떠돌아다니며 수행하는 운수행각과 비슷하다고 생각했다. 늘 깨어있어 만나는 모든 것을 비춰보는 공부가 운수행각인데, 옮기는 곳마다 새로운 환경과 새로운 불자들을 만나 새로운 시각으로 살펴야 하는 것이 군종법사의 일이라고 느꼈기 때문이다.

수행자에게는 군부대도 도량이다. 그 도량을 여법하게 만들어 연화장세계로 만드는 것이 군법사의 소임일 것이다. 복장이야 어떠하건 마음과 언어와 행위를 보면 그의 수행이 보인다.

책을 통해 내가 본 것은 사람에 대한 관심과 열정이었다. 바른 관심은 연민과 사랑(자비)으로 전개되는 것이며, 바른 열정은 끝없는 정진으로 이어지는 것이다. 그래서 지용수좌가 헛되이 시간 낭비하지 않았음을 다시 확인할 수 있었다.

많은 분이 이 책과 인연이 되어 군포교 활성화에 보탬이 되기를 바란다.

신축년 정월에 개화사에서 시우(時雨) 송강(松江)

부처님
군대 오신
날

목차

부처님 군대 오신 날

01. 군불교, 씨앗 심기의 '마지막 보루'

군불교,
씨앗 심기의 '마지막 보루'

군대라는 곳은 참 묘하다. 이런 느낌도 군대라는 곳의 안에 있어보니 느껴지는 것이긴 한데, 아무튼 그렇다. 일단 군대는 일반인에게 그리 친숙하고 정감가는 집단은 아니다. 최근에 TV예능 프로그램을 통해 군대의 여러 모습이 많이 소개되어서 사람들의 이해도나 관심도가 꽤 올라가긴 했지만, 되짚어보면 그동안 우리가 그 안의 세계에 대해 얼마나 몰랐는지의 반증이기도 하다.

그런데 조금만 생각해보면 우리나라는 아직 징병제의 시스템으로 운영되는 나라이다. 신체 건강한 (요즘은 정신도 건강한) 남성들은 누구나 군대를 가야 하는데 이것이 남자들의 거대한 숙제이지만 비단 남자들만의 문제가 아닌 것이다. 일단 청년들이 군에 입대하면서 수많은 여성들이 이곳 담 너머를 주시하기 시작한다.

먼저 많은 여친들이 있다. 조금 더 전문적인 용어를 소개하자면 곰신(고무신의 준말-남자친구가 군대갔을 때에 여자친구가 거꾸로 신는다는 그 고무신

26

이다)이라고도 부른다. 그리고 그 곰신의 위력과는 비교도 할 수 없는 강렬한 사랑으로 무장한 청년들의 부모님도 있다. 그렇게 따지자면 우리 국민 모두는 언제고 군대에 가거나 혹은 가까운 청년남성을 통해 군대와 인연을 맺을 가능성이 아주 높은게다. 그래서 우리들은 어디에 가서 군불교를 소개하든 이 이야기를 꼭 소개한다. 지금은 관심이 없어도 언젠가는 꼭 관심을 가지게 될, 혹은 가져야 할 분야가 될 것이라고 말이다.

자, 군대는 그렇다 치고. 군 불교는 어떠한가.

군불교라는 말은 군부대 안에서 이루어지는 불교활동을 통틀어서 이르는 말이다. 비교해볼 말로는 '어린이 불교', '청소년 불교', '해외불교' 이런 말과 같이 떠올리면 이해가 빠를 거다.

또 군부대 안에 있는 사찰을 '군법당'이라고 흔히 부른다. '군사찰'이나 '진중법당(부대안에 있는 법당이란 뜻)'이라고 부르기도 하지만 '군법당'이란 말이 가장 많이 쓰인다. 그리고 그 안에서 포교를 하는 우리를 '군법사' 혹은 '군승 軍僧'이라고 부른다. 뭐 그 외에도 군불교에서만 쓰이는 특별한 말들이 많이 있긴 하지만 단어 공부는 이 정도만 하기로 하자.

필자가 군불교를 소개하는 자리에 가서 꼭 하는 이야기가 있다. 간단히 말씀드리면 '왜 군불교가 중요한가'라는 아주 진부하기 짝이 없는 주제다.

이 시대에 불교를 포교함에 있어 우리는 어떤 방향으로 얼마나 잘 흘러가고 있을까.

얼마 전 발표된 인구통계를 보면 여전히 고령의 인구들 쪽에 불자가 많이 몰려있고 상대적으로 젊은이들 사이에서는 불자들이 없다. 아주 오래 전부터 그렇게 흘러왔기에 시간이 지날수록 불자들의 비율은 큰 폭으로 떨어졌고, 이번엔 드디어 가장 인구가 많은 종교의 자리에서도 비켜나고 말았다. 왜 그러냐고? 문제가 무엇이냐고? 우리는 이미 잘 알고 있다. 일단 우리주변의 불교는 포교에 아주 소극적이다. 격조가 높거나 점잖은 것과 소극적이고 방임적인 것은 아주 다르다. 사찰에서는 잘 훈련된 좋은 불자들을 많이 원하지만 그런 불자들은 '저절로' 생겨나지 않는다. 분명히 누군가는 씨를 뿌리고 잘 가꾸어서 키워낸 산물일 것이고 그런 일들이 점점 적어지고 있으니 그 열매도 줄어드는 것이다. 이것이 거스를 수 없는 인과다.

그런데 살펴보면 우리의 유소년 포교(필자가 즐겨 쓰는 말이다. 어린이, 청소년 포교를 포함해서 이르는 신조어)는 이미 위기에 와 있다. 어렵게 통계를 찾아보지 않아도 우리 군법당에서는 쉽게 알 수 있다.

우선 신병들이 백 명, 혹은 이백 명쯤 모인 법당에 가 보자. 여기는 기독교(개신교를 군에서는 기독교라고 한다), 천주교, 요즘엔 원불교까지 신앙을 가진 사람들은 다 가고, 스스로 불자라고 생각하는 청년들과 그래도 종교는 불교가 나와 가깝다고 생각하는 무교의 청년이 함께 모인 곳이다. 이곳에서 우린 가끔 군종병, 그러니까 법당에서 법사님과 함께 지내며 군생활 내내 포교의 업무를 함께 할 병사를 뽑기도 하는데, 이 상황이 좀 씁쓸하다.

일단 정기법회를 꾸준히 다녀 본 사람들은 거의 없고, 일 년에 한번이라도 절에 가는 사람들을 찾으면 열 명이 채 안되는 친구들이 손을 든다. 조금 더 들어가서 반야심경을 외우는 것은 고사하고 읽어보기라도 한 친구들도 몇 안 된다. 즉, 기본적으로 스무 살이 넘기 전에는 불교를 가까이 접해보지 못한 친구들

부처님 군대 오신 날

이 거의 대부분이라는 것을 우리는 전국의 군법당에서 매일 확인하고 있는 거다.

이런 상황에서 군법사들은 참 위기감과 동시에 어떤 묵직한 책임감을 어깨에 걸친다. 더 늦기 전에 서둘러야 한다는, 이 시기에서라도 불교와 좋은 인연들을 맺어 주어야 한다는 어떤 간절함이다.

절에 오는 사람들이 전에 없이 줄고 또 어르신들만 남아있다는 말, 불법^佛法을 배우고 실천하는 젊은 사람들이 없다는 말들 얼마나 많이들 들었나. 그런데 안타깝게도 씨를 뿌리고 싹을 가꾸는 이들은 많이 보이지 않는 것 같다. 언젠가는 우리의 어린이 포교, 청소년 포교가 다시금 일어서서 힘을 낼 시절이 돌아올 것이다. 그러나 그 때까지는 젊은 청년들에게 불교의 맛과 멋을 소개해주는 도량으로써 이 군불교가 계속 주목 받아야 한다고 본다.

우리는 지금이든 혹은 언젠가든 군대와 인연을 맺을 것이기 때문에 잠재적인 군인, 혹은 군인의 가족이라는 것, 그리고 오늘날 한국 불교에서 가장 밑바닥에서 씨를 뿌리고 있는 마지막 보루인 군불교를 잃어버린다면 우리에게 젊은 포교의 장은 거의 사라질지도 모른다는 것, 이 두 가지가 여러분이 군대가 생소하다 해도 군불교를 주목하고 기억해야 하는 중요한 이유라고 꼭 말씀드리고 싶다.

부처님 군대 오신 날

02. 군종병 열전

군종병 열전

군대의 꽃은 뭐니뭐니 해도 군인들이다. 그럼 군법당의 꽃은? 법사님이라고 누가 대답해주면 좋겠지만 그건 좀 욕심이고 아무래도 사람들에겐 군종병들이 훨씬 설득력 있다. 그래서 군종병 이야기 좀 해볼까 한다.

군종병은 군대의 수많은 임무중에서 종교업무를 주로 명받은 병사들이다. 훈련소 혹은 신병교육대에서 기본 교육을 마치고 후반기 교육까지 마치고는 군법당, 내지는 교회, 성당에 배치되어 전역할 때까지 거기서 업무를 본다. 요즘에는 다소 엄격해져서 군인으로서의 훈련이나 교육도 다 똑같이 받아야 한다. 그러니 군종병이라 해서 훈련도 안 받고 편하게 지낸다고 말하면 듣는 군종병들은 좀 서럽다.

물론 예전에는 군종병들이 훈련이나 교육 등에 열외(군대용어인데 요즘은 다들 아시는 듯)되어 종교시설에서만 군복무를 하며 편하던 시절도 있었다. 그때는 인구도 많고 병사들도 참 많던 시절이었으니까. 군법당 한 곳에 법사님 두 분이 있는 경우는 거의 없지만 법당 하나에 군종병 여럿이 살던 곳은 종종 있었다. 암튼 지금부터 소개하는 일화는 대부분 오래된 옛날 이야기들이니 감안하고 읽으셔야 한다.

내가 들은 군종병 이야기 중 가장 특별한 이야기는 이거다. 예전엔 군법사님들도 스님 생활하다 불쑥 입대해서 군대에 대해 이해도가 떨어지는 분들도 있었다. 아무튼 한 일주일간 온 부대가 훈련이 한창이던 중에 급한 일이 생겨서 멀리 다녀오셔야 했단다. 지금 같으면 어림도 없지만 30년도 더 된 예전에는 그게 가능했다보다. 아무튼 법사님은 미안한 마음에 훈련중인 부대 몰래, 한 이틀 법당을 비웠는데 하필 그날 지휘관이 각 종교에서 훈련 위문 좀 와달라 요청을 했다.

지휘관의 요청은 곧 명령이 되어서 교회, 성당, 법당으로 퍼져나갔고, 휴대전화도 없던 시절에 법당에는 군종병이 혼자 덩그러니 남아서 군전화로 그 명령을 들었다. 훈련 중에, 그것도 지휘관 몰래 법사님이 출타했다고 보고를 할 수도 없고, 그렇다고 다른 종교는 다 가는데 불교만 안해도 명령 불복이 되는 상황인 것이다. 이 군종병은 잠시 고민을 하다가 마음을 단단히 먹고는 부대에 보고를 했다. 불교는 낮에 안하고 야간에 위문을 할 터이니 차량을 좀 보내 달라고. 추운 겨울 훈련에 유독 야간위문을 자처하니 부대에서는 환영할 일이었다.

군종병은 창고를 뒤져서 초코파이와 음료수를 준비했다. 그리고 군복을 벗고 법사님의 승복을 뒤져서 챙겨 입은 뒤 목에다가 굵은 108 염주도 매고 차를 기다렸다. 이미 늦은 밤, 약속한 짚차가 법당 마당에 도착하고, 운전병과 함께 위문품을 차에 싣고는 근엄한 자태로 조수석에 앉았다. 보통 위문 갈 때 군종법사가 앉던 '선탑석'이다. 그 날, 짚차와 위문품들은 어두운 밤을 뚫고 훈련장 이 곳저곳을 누볐고, 승복을 잘 차려입은 군종병은 웃는 얼굴로 차례 차례 위문을 했다. 너무 어두워서 얼굴이 잘 보이지 않았고 또 웃기만 하고 거의 말이 없었다는 것이 평소와 좀 달랐지만 어느 누구도 뒷말하는 이가 없었다. 그렇게 군종병의 야간 위문 대 작전은 들키지 않고 성공했다는 전설같은 일이 전해져온다.

그 이야기를 들으며 우리 법사들은 이런 센스 넘치는 군종병이 내게도 좀 왔으면 하고 웃기도 한다. 하지만 짧은 군 생활 적응하기도 벅찬 군종병들에게 이런 것까지 요구하는 건 지나친 욕심임을 안다. 센스는 고사하고 큰 사고만 안 쳤으면 하고 바랄 때도 많다는 의견도 있다.

필자가 강원도 전방에 있을 때였다. 한동안 원주(두 시간 넘는 거리이다)의 군법당에 업무를 보러 자주 가봐야 했는데 갈 때마다 부대에서 결제를 받고 공문 작성하는 것이 좀 번거로왔다. 하루는 꾀가 나서 군종병에게 이렇게 지침을 주었다. "나 원주에 금방 다녀올 테니 부대에서 전화 오면 잠시 의무대 가셨다고 하라"고. 그날 부대에서 전화로 나를 찾으니 우리 군종병께서 이렇게 대답하셨다. "법사님은 의무대 가셨다고 보고하라고 하시고는 원주 가셨습니다." 정말 마음이 청정하기 이를데 없는 선재가 아닌가.

이즈음에 내가 속한 사단의 소속 부대, 즉 연대 법당에도 군종병이 있었다. 참고로 군종병 중에서 법사님이 있는 법당에서 근무하는 병사는 일주일 내내 군종병 업무만 하지만 그 외에 평일에는 군인으로서 맡은 업무를 하고 휴일에만 법당에 와서 봉사를 하는 군종병도 있다. 주말마다 열심히 활동하는 군종병이 있었는데 소문을 들으니 해인사에서 출가한 스님 병사였다. 스님도 똑같이 병사생활을 하냐고 묻는 분들 많은데 너무 당연하다. 그래서 나는 우리부대 병사이긴 하지만 첫 만남에 신도들 앞에서 서로 예를 갖추고 이후로도 존대를 했다. 그 부대의 간부 불자들에게도 교육이 되었으면 하는 마음이었다.

이 스님은 일반 병사였으니 머리는 깎았지만 법당에서는 군복과 군인 체육복 등을 입고 분주하게 일했다. 보통 주말에 오는 군종병들은 일을 한다 해도 쉬러오는 경우가 많은데, 이분은 주말에 더욱 열심히 도량을 가꾸셨다. 그렇게 쉬는 날 없이 힘든 생활 속에서도 늘 주변을 밝혀주는 인품 또한 훌륭했다. 군복을 입고 법당 청소를 하니 일반 간부들은 다 속명을 부르며 하대를 하는데도 늘 겸손하고 밝은 미소였다. 사실 절에서 대접 받으며 스님 생활을 하던 분들이 마음을 내려놓고 사는 것은 결코 쉬운 게 아니다. 또 옷을 바꾸어 입고 환경이 다 바뀐 상태에서도 수행자의 향기가 자연스레 배어나는 것 또한 아무나 되는 것이 아니다.

지금 와서 생각해보면 그 시절 그 도량에서 가피를 받고 평안을 얻는 불자가 있었다면 주말에 잠시 와서 설법하는 법사의 덕은 아닐 것이다. 오히려 함께 동고동락 하면서도 끝없이 긍정의 에너지를 주변에 전해주던 군복 입은 병사 스님에게 더 큰 감화를 받았을 것이다. (참고로 그 스님 법명을 여기에 소개해 둔다. 요즘 불교TV에서도 법문 하시는 광우 스님이다.)

또 한 명 기억에 남는 군종병이 있다. 내가 있던 부대는 아니었는데, 경기도 가평의 부대에서 군복무를 했던 친구였다. 입대 전부터 법륜스님의 정토회에서 활발한 활동을 하다가 온 그는 일반 병사일때에도 군종병일 때에도 쉼 없이 포교를 하려고 뛰어다녔다. 함께 있던 법사님도 둘째 가라면 서러운 활동가였지만 때때로 법사님께서도 자제를 시킬 만큼 에너지와 열정이 넘치는 친구였다. 일개 병사가 뭘 할 수 있는가 생각 할 수도 있다. 그러나 그 친구는 법사님과 머리를 맞대고 연구해서 법당 예절에 대한 3D 동영상을 만들어 배포하기도 하고, 법륜스님을 모셔서 병사들을 위한 대규모 즉문즉설 법회를 열기도 했다. 가끔 그 법당에 가면 마치 법사님이 두 분인 것처럼 느껴질 만큼 인상적이었다. 전역한 지금도 쉬지 않고 활동하고 있는 그 친구를 지금도 난 응원한다. (이 불자의 이름은 '이준길'이다. 이 쪽에서는 나름 유명한 활동가로 알려져 있다.)

난 최전방 부대를 떠난 지 오래되어서 근래의 모습은 잘 모른다. 그러나 10년 전만 해도 군종장교들과 마찬가지로 군종병들도 휴전선의 철책길을 밤낮으로 걸으며 위문 순례를 하곤 했다. 물론 개신교의 군종병들이 가장 열정적이고 숫자도 많았지만 천주교, 불교 군종병들도 기회만 준다면 다들 멋지게 활동해내는 걸 많이 보았다.

내가 있던 화천의 최전방 부대에는 멋진 불교 군종병들이 많았는데 어느 달에는 내가 위문했던 지역보다 그 친구가 맡아서 위문을 돌았던 지역에서 새로운 불자들이 더 많이 나오기도 했다. 매우 자존심이 상하는 일이긴 했지만 생각해 보면 당연한 일이었다. 함께 땀 흘려 훈련하고 일하면서도 지휘관과 동료들에게도 신뢰를 받는 멋진 병사가 군종병이 되어서 위문도 하고 법회도 준비한다는데 마음이 안흔들릴 수가 없다. 일주일에 한번 오는 법사는 사실 그 친구만큼 동료들과 깊은 호흡을 하기 어려웠던 거다.

이러한 이유들 때문에 나는 군종병이 아주 아주 중요하다고 말한다. 법사님들이 신심있고 포교에 열정적인 모습은 너무 당연하고 크게 감동을 주기 힘들다. 하지만 같은 병사들이 열심히 불법을 배우고 실천하며 포교까지 하는 모습은 사람들에게, 특히 같은 병사들에게 확실히 다르게 전달이 된다.

　활동하는 역량은 법사님들보다 작을 지 모르지만 마음먹고 나서기만 한다면 오히려 법사들보다 더 큰 메아리를 일으킬 수 있는 사람들이 '군종병'이다.

부처님 군대 오신 날

03. 훈련소로 간 스님들

훈련소로 간 스님들

봄이다. 새해가 온 지 얼마나 되었다고 벌써 봄날이다. 절집에서 봄이란 계절은 늘 부처님 오시는 소식과 함께 온다. 군대에서도 그렇다. 날이 풀리면 놀러 가기도 좋지만 훈련 받기에도 아주 좋은 세상이다. 그리고 또 이맘 때 쯤이다. 스님들이 법사가 되기 위해 절을 떠날 준비를 하는 계절은.

필자는 지난 2001년에 군에 '입소' 했다. 훈련을 받기 위해서 영천의 '3사관학교'로 들어간 것이 4월 중순이었다. 기억이 또렷하지는 않지만, 초파일 준비로 모두가 분주할 계절에, 난 군대에 간다고 방을 정리하고 짐을 싸고 뭐 그러다가 새벽녘 아직 쌀쌀한 봄 날에 산문을 나섰다.

스님도 군대에 가는지 묻는 사람들이 더러 있다. 만약 스님들은 군대에 가지 않는다면 어떨까. 아마도 전국에 있는 사찰에는 20대 초반의 청년이 넘쳐날 것이다. 기억나는가. 군대에 가겠다고 철썩같이 약속을 하다가 미국 시민권 구하자마자 훌쩍 나라를 등져버린 젊은 청년 가수. 뭐 그럴 수도 있다고? 하지만 그 사건을 쉽게 웃어 넘기지 못하는 사람들이 여기 수십 만이나 있다. 그처럼 군대 가는 일은 청년 남자들에게 중대한 문제이다. 결론을 다시 강조하자면 스님도 군대에 간다. 병사로 가기도 하지만 장교로 갈 수도 있는데 그게 바로 나와 같은 '군승', 혹은 '군법사'가 되는 길이다.

군법사를 뽑는 시험은 놀랍게도 대학교 1학년 봄에 있었다. (해마다 이건 조금씩 달라진다) 아직 고교생의 티가 채 가시지 않던 그 때 우린 '군종장교 후보생 시험'을 치러 강남의 모 신학대학에 갔었다. 뭘 알고 간 것은 아니었다. 그저 불교학과 선배님들 중에 많은 분들이 군법사로 복무 중이었고, 그분들의 홍보와 안내로 처음 알게 된 것들이었다.

처음부터 우리 새내기들이 군법사 시험을 자발적으로 보려 하진 않았다. 성대한 홍보행사에서도 다들 내키지 않아서 지원하지 않겠다고 버텼다. 너무 힘들고 어려워보였고, 무엇보다 출가 수행을 하고 나서도 입대해서 몇 년을 지내야 한다는 것이 너무 싫었다. 그렇게 옥신각신 하던 도중에 우리를 무너뜨린 선배님의 한마디는 바로 이거였다.

"지금 불교공부하고 있는 여러분들이 얼마나 큰 불은佛恩을 입고 있는 것인지 아는가. 그런데 왜 그 은혜를 조금이나마 갚으려고 하지는 않는가. 다만 몇 년이라도 어려운 군포교를 통해서 부처님 은혜를 갚아야 하지 않겠는가."

그렇게 우린 지원서를 써내고 시험을 봤다. 필기와 면접과 신원조사까지 장교를 선발하는 시험은 절차가 복잡했다. 거기서 합격한 '후보생'들은 학군사관 후보생과 비슷한 교육을 받는다. 매주 1회 교육프로그램을 소화하고, 방학이면 1주 정도씩 소집교육을 했다. 그리고는 4년 과정 졸업과 최소 2년 간의 출가생활을 마쳐야 비로소 군에 훈련받으러 '입소'할 자격이 생기는 것이다. 학교 다닐 때에야 늘 부대끼며 울고 웃던 친구들이었지만 졸업을 앞두고는 자신이 염두에 둔 스승을 찾아 전국의 사찰로 흩어져 2년을 산다. 말이 흩어져 사는 것이지 처음 출가해서 행자를 포함한 1~2년 간은 힘들 새도 없이 바쁘게 흘러가고, 그 팍팍한 햇중 생활 끝에 재미나게도 함께 군대 가기 위해 모이는 것이다.

아무튼 4월의 어느 화창한 날에 우린 경주에서 모였다. 전국 각지에서 모인 것이 14명이었다. 다음날 다 함께 동시에 입소를 하게 되었는데, 한번 상상해보라. 사관학교의 4차선 정문을 함께 통과하며 바람에 휘날리는 14명의 두루마기 자락. 우리가 좀 멋있었던 것은 아마도 거기까지였던 것 같다.

군에 들어가면 병사나 장교후보생이나 처음엔 비슷하다. 사복을 모두 벗고 군복을 지급받는 것. 똑같은 침대, 똑같은 사물함이 나란히 붙어있는 방에서 똑같은 시간표에 맞추어 살아야 한다는 것 등. 훈련받는 시절이 힘들었느냐고? 물론 육체적으로 힘들긴 했다. 하지만 솔직히 이야기하자면 우린 각자 절에서 살다가 오랫만에 모여 지내서 그런지 하루하루가 참 즐거웠다고 기억한다.

일단 밤에 너무 많이 재워준다. 절에서는 서너 시간도 채 못자고 살았는데, 군에 오니 9시에 잠들어 6시까지 재운다. 그래서 새벽녘에 깨어나서 앉아 있으면 그것도 규정 위반에 해당된다나. 물론 인간은 적응의 동물이고 또 훈련은 날이 갈수록 피곤해서, 나중엔 군대의 기상나팔과 함께 기지개를 펴고 일어나는 늠름한 군인이 되었다. 먹는 것도 그렇다. 군에서는 매 끼마다 고기 반찬을 준다. 불고기가 나오기도 하고 닭고기가 나오기도 한다.

절에서 살던 우리는 대부분 식판에 야채를 듬뿍 담고 굳이 담지 않아도 될 고기를 건너 뛰었다. 안 먹을 자유는 있으니까. 그럴 때마다 함께 배식받는 신부님들은 다들 엄지를 치켜세우며 좋아했다. 하지만 그것도 한 달 남짓. 일단 육신이 너무 고되니 소식_{小食}도 물 건너가고 고기반찬도 자연스레 손이 가는 것이었다. 드디어 스님들이 고기 맛을 알았다며 푸념하는 신부님들의 목소리를 뒤로 한 채 우린 최선을 다해 열심히 먹었다.

군대에서 훈련하던 이야기는 누구에게나 마르지 않는 이야기 창고일 거다. 우리도 마찬가지다. 훈련이 너무 빡빡해질만 하면 뒤쪽의 지긋하신 분들(대부분 신부님들이지만 목사님, 스님도 있다)이 '거 좀 쉬었다 합시다'하고 위엄있는 잔소리로 속도조절을 했는데, 보통 교육생보다 평균 열 살은 더 많은, 게다가 성직자들로만 이루어진 집단이기에 부대에서도 다루기가 결코 쉽지는 않았을 것이다.

이런 일도 있었다. 우리가 훈련받던 2001년은 전설적인 월드컵(2002) 축구의 평가전이 한창이던 해였다. 가끔 아주 중요한 경기가 있는 날에는 훈련을 일찍 끝내고 경기를 보여달라고 부탁했었는데, 한 번은 각개전투 훈련장에서 조교가 내기를 걸어왔다.

"자 이 모든 장애물을 다 뚫고 저기 고지를 완벽하게 점령할 때까지 실수가 한 번도 없으면 일찍 끝내준다!" 그러자 그 때까지 참 말을 안 듣던 병장 출신의 교육생들이 눈빛이 달라졌는데, 우리나라 예비역들이 왜 위대한지 그 날 알게 되었다. 그들은 진실로 조교보다 더 완벽한 전사로 변신해서 단번에 고지를 점령해버린 것이었다. 물론 순식간에 너무 완벽했던 우리들에게 놀란 조교는 약속을 어기고(너무 일찍 끝낼 수는 없어서) 욕먹으며 몇 번 더 훈련을 반복했지만 말이다.

막타워에서 뛰어내리는 훈련도 있었다. TV에서 본 적 있겠지만 11m 높이의 타워에서 낙하산 줄을 매달고 뛰는 훈련인데, 요즘엔 병사들은 하지 않는다. 아무튼 나처럼 고소공포증이 있는 사람들도 훈련을 제시간에 맞춰야 동료가 함께 쉴 수 있다는 생각에 이를 악물고 뛰고 또 뛰던 중에 한 교육생이 난간에 서서 이런 멘트를 날리는 것이었다.

"아. 참 산세가 좋구나. 좌청룡 우백호가 잘 펼쳐져 있구나." (이건 사실 뛰기 겁나서 나오는 헛소리다) 보통은 그렇게 이상한 소리를 하면 조교들이 밀어 버린다던데 상대가 스님이라 조교가 안절부절하는 것을 봤다. 그래서 조교를 대신해 내가 발로 차 내버렸던 기억도 있다. 아무래도 스님은 스님이 다루어야 하니까. 그렇게 겁이 나서 훈련을 지체시킨 사람이 스님이었던 게 영 자존심이 상하던 차에, 하이라이트를 장식한 목사님이 나타났다.

낮부터 영 불안했던 이 분은 자기 차례를 계속 미루다 맨 마지막에 타워에 올라서도 한참을 버텼다. 보다 못한 조교들이 뒤에서 밀어도 온몸으로 난간을 부여잡고 '주여! 주여!'를 외치는데, 그게 느낌에는 한 30분은 된 것 같았다. 해는 다 지고 기다리던 우리도 녹초가 될 무렵, 겨우 밀려 떨어진 주님의 어린 양 덕분에 우리 자존심이 조금은 치유되었던 기억이 난다.

처음에는 종교가 서로 달라서 어색하기도 하고 경계하기도 했지만, 함께

구르고 땀 흘리는 그 정이 또 깊어서, 100km 행군의 막바지에 쓰러진 신부님을 목사님들이 부축하고, 법사들은 그분의 군장과 총을 나눠 들고는 너무도 자연스럽게 산을 올랐던 장면이 지금도 선하다. 그렇게 쉽지는 않았지만 괴롭다고도 못할, 평생 가장 걱정없이 즐겁기도 했던 시절이 그 때였다. 그게 군대라는 곳의 매력일까.

올 봄에도 군법사가 되기 위해서 한 무리의 스님들이 훈련 입소를 하러 갈 것이다. 다소 훈련의 과정은 바뀌었다고 하지만 여전히 쉽지 않은 한 철동안 단내 나는 군대를 맛보게 될 것이다. 사실 스님이 훈련을 아무리 잘 받는다고 해도 특급전사가 되기는 어렵다. 또 그런 것을 바라고 훈련하는 것도 아니다. 단지 장병들의 땀과 눈물을 느끼고 이해하기 위한 좋은 수업일 뿐이다. 그것까지 깊이 헤아리고 나면, 마침내 참으로 훌륭한 군법사가 되는 것이다.

부처님 군대 오신 날

04. 부처님 군대 오신 날

부처님 군대 오신 날

봄 가을은 놀기 참 좋은 계절이다. 놀기 좋은 계절이 공부하기도 좋은 계절이라고 학창시절 선생님은 귀가 닳게 말씀하셨다. 이제 군에 오니 모든 지휘관들이 말한다. 놀기 좋은 계절이 훈련하기도 참 좋더라고. 물론 요즈음의 군대는 점점 고도화 되어서 춥건 덥건, 낮이건 밤이건 최고의 전투력을 갖추기 위해 훈련하는 추세이다. 그렇지만 역시 병영이 분주해지는 것은 봄이다. 겨우내 닫았던 창고를 열어 온갖 무기를 점검하고 장병들의 전투력도 힘차게 단련해야 한다. 전에 없이 조석으로 병사들의 포효소리와 전차소리가 마치 개나리 진달래 터지듯 병영에 가득 차는 계절인게다. 그리고 부처님오신날은 그 분주한 한 가운데에 버티고 서 있다. 올 해도 5월의 긴 연휴 가운데에 홀연히 님께서 오셨단다.

부처님오신날은 병사들에게 상반된 두 가지 모습으로 비춰진다. 일단 열

54

심히 활동하는 군종병들에게 이 날은 군법당 최고의 명절이자 가장 묵직한 행사로 다가온다. 바쁘고 분주하고 또 피곤할 예정인 것이다. 그에 반해 일반 병사들의 경우는 그저 행복한 휴일인 동시에 불자가 아니어도 호기심이 동하는 이웃의 잔칫날이다. 생활관(요즘은 내무반이란 말을 쓰지 않는다)에서 휴식을 취해도 좋지만 절에 가던 동료를 따라 어색한 법회지만 참석해서 맛난 밥도 먹고 운이 좋으면 선물도 받을 수 있는 그런 날이다.

군법당에서 준비하는 초파일은 일반 사찰과 어떻게 다를까.

일단 군법당은 스님이 아주 귀하다. 강원도 양구에 있던 시절에는 우리 부대에 7개 법당을 나 혼자 돌아가며 법회를 해야 했다. 토요일에 한 두 곳, 일요일에 서 너 곳, 그리고 수요일 저녁에도 꼬박꼬박 법회를 해야 겨우 1-2주에 한 번씩 장병들을 만나게 되는 곳이었다. 그런데 아쉽게도 부처님오신날은 단 하루다! 하루에 일곱 개의 사찰을 다 둘러볼 수는 없으니 부득이 어떤 사찰(미안하지만 규모가 작은 부대사찰)은 며칠씩 당겨서 일찍 행사를 치러야 한다. 부대 훈련과 일정을 조율하다가 무려 3주나 앞당겨 부처님오신날 봉축법회를 한 적도 있었는데 사회를 맡은 병사가 '오늘 부처님오신날을 맞이하여~' 하고 멘트를 할 때마다 병사들이 킥킥대서 묘했던 기억도 있다. 처음엔 이게 뭘까 고민도 했지만 돌이켜보면 그게 또 군법당의 묘미인 것도 같다. (물론 교회나 성당에서도 그렇게 많이들 치른다. 특히 군의 신부님들은 스님 숫자보다 훨씬 적다)

군법당의 초파일은 적자가 안나면 성공인 행사이기도 하다. 보통 일반 사찰은 겨우내 힘들던 살림살이가 법당을 가득 메운 연등 발원으로 허리를 펴게 하는데, 군법당의 경우에는 좀처럼 연등접수가 많지도 않고 금액이 크지도 않다. 오죽하면 군부대 인근의 불자들이 기도비가 '싸서' 군법당에 오신다고 할까. 하지만 부처님오신날에 몰려드는 많은 병사들을 그냥 돌려보낼 수는 없는 노릇이다. 비빔밥이라도 먹이고 작은 선물이라도 챙겨주려 하면 평소에는 그렇게 안오던 친구들이 손에 손잡고 와서 기쁘게 받아들가는 것인지. 나누어주는 법사의 마음도 참 기쁘지만 여러 가지 생각이 들기도 한다.

이런 잔치같은 날에도 법당에서 한가로이 길게 머물지 못하고 두어 시간 법회하고는 부대에 복귀해야 하는 것이 병사들이어서 좀 아쉽긴 하지만, 그것 말고는 군법당에서도 나름 그럴 듯 하게 초파일을 치러내고는 있다.

얼마 전엔 친하게 지내던 신부님이 아프리카 파병지에서 사진을 보내왔는데 법사가 없는 법당에서 불교 군종병들과 함께 둘러앉아 연등을 만드는 장면이 담겨 있었다. 파병부대는 규모가 작으면 군종장교가 1명만 가게 되는데 신부님이나 목사님이 가시면 부처님오신날을 잘 지원해주고, 법사님이 가시면 크리스마스를 잘 준비해주는 분위기가 정착되어 있다. 아무래도 바다 건너 외로운 파병지이기 때문에 서로 간에 훨씬 더 돈독하고 가깝게 소통하는 모습들이 부처님 오신날에도 그대로 투영되는 듯 했다.

그에 반해 초파일만 되면 떠오르는 몇몇 가슴 아픈 군대 종교편향 사례들도 있다. 물론 한국사회가 점점 발전하면서 크게 좋아지기는 했지만 예전엔 부처님오신날 당일에 부대 체육대회를 연다거나 법당 진입로 공사를 하는 등 일부 비뚤어진 지휘관들의 문제가 있었다고 한다.

또 종교적인 문제는 아니지만 군대가 점점 진화하면서 생기는 일도 더러 있다. 예전과 달리 요즘은 큰 법회가 있다고 해서 법사님이든 군종병이든 훈련이나 중요 일정을 다 고려해주진 않는다. 전방부대 어떤 법사님은 부처님 오신날을 한주 남짓 앞두고 유격훈련에 가야 했다. 그래서 산악훈련을 하고 암벽을 오르면서 짬짬히 휴대폰으로 연등접수 안내도 했다는 전설 같은 이야기도 있다. 그럴 때면 군법당이 서 있는 자리가 다름 아닌 군부대라는 것을 체감하게 된다.

우리가 이렇게 해마다 스승님 생일잔치를 성대하게 준비할 수 있는 것도 따지고 보면 튼튼한 국가의 은혜이자 국방의 덕이니까.

십년쯤 전에 대전지역 불교청년회에서 한통 전화를 받았다. 주지스님을 찾길래 내가 주지라 했더니 한참동안 청년회의 활동을 설명하시고는 후원을 요청하시는 거였다. 당시엔 밀려드는 훈련병들 때문에 법당 살림이 말이 아니던 시절이었는데 후원을 부탁한다니. 여기가 어떤 절인지 알고 전화하셨냐고 물으니 친절한 목소리로 이런 답변이 돌아왔다.

"네. 매주 500명이 넘는 불자들이 오는 큰 사찰이라고 소개받았습니다. 도움 좀 부탁드립니다."

말은 맞다. 그때 우린 500명이 넘는 훈련병들을 먹일 간식과 수계선물 때문에 밤낮없이 뛰어다녀야 할 형편이었다. 불자 500명이라는 숫자가 일반 사찰과는 전혀 다른 의미인 곳이 군법당이다. 말하자면 군법당의 불자들은 일반 사찰과 달리 재정의 주체가 아닌 어마어마한 소비의 주체라고 봐야 한다. 그래서 법회가 잘 되어서 많이 모이면 모일수록 법사의 시름은 깊어져 갈 수밖에 없다. 이런 모습은 기도 접수하는 불자가 적어서 걱정인 일반 사찰과는 시작부터 다

른 현실인 거다. 그래서 아들을 군에 보낸 불자라면 군복무 하는 시간 동안이라도 내 아들이 찾는 법당에 관심을 가져달라는 부탁 말씀 좀 드리러 한다. 결코 어려운 일이 아니다. 부처님오신날을 맞아 건강한 군 생활을 발원하는 등 하나 다는 것이나 정초가 되면 군법당에 아들 이름의 인등 하나 켜는 것 정도면 충분하다. 장담하건대, 군법당에 따라 기도 성취의 영험은 차이가 있을지는 몰라도 기도비는 고스란히 내 아들들이 먹고 읽고 누리게 될 것이다.

더불어 군법당처럼 초심불자들과 초파일 준비하시는 모든 분들에게 건의드려 본다. 나 또한 절집에서 스무해 가까이 살다 보니 부처님오신날 법회준비가 천편일률적이고 지루하게 느껴질 때도 솔직히 있다. 하지만 함께 동참하는 병사들이나 젊은 불자들을 보면 행사의 모든 게 새로운 모양이다.

특히 병사들의 경우는 법회나 사찰이, 또 초파일이 어떤 맛인지 알 만하면 전역한다. 그리고 꾸역꾸역 새로운 청년들이 나타나는 신통이 계속 펼쳐진다. 그래서 우리 포교하는 사람들은 행사를 성대하게 치르기 위해만 노력하는 게 아니라 함께 준비하는 이 계절 전체가 하나의 큰법회나 수업이 되도록 해야 한다. 왜 등을 밝히는지, 왜 아기부처님을 목욕시키는지, 왜 공양물을 정성스레 올리고 또 그것을 타인과 나누는지 많은 가르침과 감동을 나눌 수 있도록 최선을 다해야 한다고 생각한다.

매년 해맑은 눈으로 그런 것들을 묻고 또 묻는 청년들을 만나면서 우리도 익숙함에 빠지지 않고 늘 새롭게 되돌아 볼 수 있다. 혹시 군불자가 아닌데도 그런 원초적인 감동을 느끼고 싶다면 올해 초파일에는 인근 군법당에 한번 가 보시는 것도 조심스레 권해 본다.

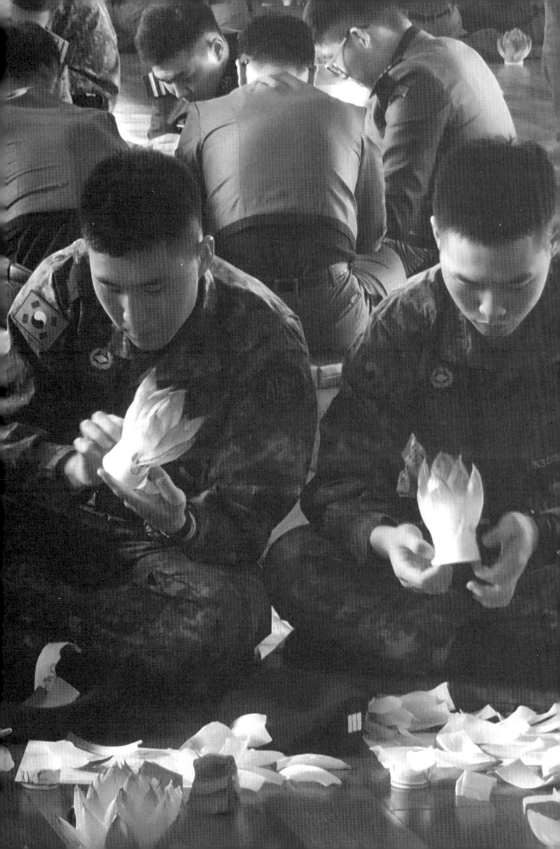

부처님 군대 오신 날

05. 아들을 보내고

아들을 보내고

#1.

팔순이 넘도록 군포교를 위해 전후방을 뛰어다니며 병사들을 먹이시는 老보살님께, 가까운 도반이 이랬다고 한다.

"군대가면 밥주지 옷주지 뭐가 아쉽다고 그렇게 싸들고 다니면서 먹이려고 애를 써?"

맞는 말이다. 군대에 가는 사람은 빈손으로 가도 나라에서 다 먹여주고 입혀주고 재워주는 것 다들 안다. 그런데, 군법당에 간식 싸들고 가는 것을 그렇게 타박하던 할멈이 정작 자기 손자가 군에 입대하자 돌변한다. 우리 손자 다니는 법당에 제발 좀 위문 가달라고 성화다. 세상일이 다 그렇다. 오죽하면 내 논에 물들어가는 모습과 내 새끼 입에 밥 들어가는 모습이 세상 제일 기분좋은 장면이라고 할까. 하도 사정하길래 이런저런 간식들 싸서 군법당을 찾아가려니 대뜸 따라나선 그 할멈은 왜 이렇게 간식이 부실하냐고 또 타박이었다고.

군법당에서 포교하는 사람들은 이런 비슷한 장면을 제법 많이 본다. 최근에도 눈에 넣어도 안 아픈 아들을 군에 보낸 어머니 보살님의 절절한 사연을 또 한번 듣게 되었다. 그 보살님은 예전에도 내가 있던 군법당에 도반들과 종종 와서 함께 법회도 하고 또 간식도 만들어주셨던 분이었다. 군법당이 참 좋다고 늘 환하게 웃으며 다니던 분이었는데, 이젠 좀 달라지셨다. 아들이 입대한 곳의 풍경 하나하나, 아들이 보낸 편지 문구 하나하나를 귀하게 읊으며 가슴 졸이고 또 감동을 한다. 자주 보던 군부대, 자주 접하던 군법당이 그렇게 새롭냐고 물으니 정말 다르단다. 내 아들이 없는 군부대와 내 아들이 있는 군부대의 차이, 아마 그건 배 아파 낳은 자식 없는 사람들은 채 다 이해 못할 영역일 것이다.

군대라고 하는 곳은 그곳에 들어가서 땀 흘리며 노력하는 청춘의 이야기도 많지만 그에 못지않게 바깥에 남아서 마음 졸이는 사람들의 이야기도 다양하다. 그런 이야기들이 모여드는 곳 중의 하나가 군법당이다. 밖에서 기다리는 누군가를 이야기할 때 보통은 애절한 여자친구를 떠올린다. 요즘 아이들 말로는 '곰신'(고무신의 줄임말) 이라고 하던가. 그런데 난 아무리 봐도 애절한 여자친구의 마음이 애끓는 어머니의 정성보다 커보인 적이 없다.

#2.

'선영아 사랑해'라는 광고 문구를 기억하는지. 선영이라는 여인을 사랑하는 어떤 이가 그녀가 갈만한 곳마다 글귀를 붙여놓아서 마음을 흔들었다는 뭐 그런 오래된 광고였다. 전방의 어느 부대에서 이와 비슷한 사건이 있었다. 훈련병들이 야간에 행군을 하러 부대를 나와 산 길로 들어서는데 오솔길 옆에 늘어선 나무에 종이들이 줄지어 붙어 있었다.

자세히 보니 [○○아, 사랑한다], [○○아, 힘내라] 라고 쓴 응원 문구였다. 문구의 주인공은 행군대열에서 훈련을 받고 있는 어느 훈련병이었고, 이 놀라운 작품의 작가는 그의 어머니었다. 만약 이 문구가 한 장만 있었다면 간절한 어머니의 마음에 감동하며 지나쳤을 수도 있지만 이 애절한 종이들은 부대가 산 길을 돌아서 한참을 행군하는 동안 계속 나타났다. 다시 말하면 이 어머니는 부대의 행군코스를 이미 다 알고 그 길을 따라 곳곳에 종이를 붙여두었던 것이다.

부대는 난리가 났다. 어떻게 민간인이 군대의 은밀한 작전코스를 정확히 알 수 있는 것인지 조사를 하고, 황급히 다음 훈련부터 새로운 행군로를 만드는 일도 해야 했기 때문이다. 모르긴 몰라도 그 주인공 훈련병. 큰 벌을 받기는 뭣하지만 군 생활이 평탄지는 않았을 것이라 추측해 본다.

이런 일이 일어난 이유는 단 하나, 어머니들의 어마어마한 관심들 때문이다. 이 전까지 군대의 '군'자도 모르던, 남편의 군대이야기를 그렇게 듣기 싫어하던 여인들이, 아들이 입대를 하자마자 군대의 열정적인 연구자로 변신하여 인터넷을 누비며 정보와 지식을 쌓아간다. 특히 요즘에는 인터넷 커뮤니티에서 훈련병 부모님들의 대화가 너무 활발한데, 최근에는 매일 아침 우리 아들들이 어떤 메뉴를 먹을 예정인지도 다 공유할 정도로 대단하다고 한다.

물론 그들의 열정이 아들의 군생활 내내 이어지기는 힘들다고 하지만 사랑이 너무 지나치면 앞에서 언급한 어머니처럼 아들의 군 생활에 큰 장애가 되기도 하니 다들 기억하시고 조금만 자제해주시면 좋겠다는 생각을 해본다.

#3.

경기도 양주의 군법당에는 일요일이면 멀리 일산에서 꼬박꼬박 찾아오시는 분들이 있었다. 처음엔 별 말없이 법회를 참석했다가 몇 주가 지나서는 설거지며 간식준비를 돕겠다고 나섰고, 그렇게 몇 달을 꾸준히, 정말 한 번도 거르지 않고 와서 묵묵히 궂은 일을 하시길래 물었다. "무슨 특별한 이유라도 있으시냐"고.

대답인 즉 한 보살님의 아들이 동두천에 있는 부대에 군복무 중이라 처음엔 그 절을 갔었는데 이미 포교사도 많고 봉사해 주시는 분들이 많아 별 생각없이 인근에 있던 우리 절로 오셨단다. 그러니까 아들은 옆에 부대에 있는데 여기에서 다른 아들들을 챙기고 있던 것이다. 다 같은 아들들이니 뭐 어떠냐고, 해보니 좋아서 아들 전역하고 나서도 계속 법문도 듣고 도움도 되고 싶단다. 이따금 이렇게 마음공부가 되어있는 분들께는 따로 무슨 법문을 해야 하나 고민도 된다.

또 이런 사례도 있다. 당시 이 법당에서는 매주 훈련병들의 모습을 사진과 동영상으로 촬영해 인터넷 카페에 올려드리는 것이 특별한 이벤트였다. 훈련병들도 좋아하고 부모님들도 좋아해서 열심히 했지만 매주 오는 병사들이 수백 명이다 보니 업로드 하는 데에 너무 오래 걸렸다. 그래서 초고속 인터넷이 설치되었으면 하고 늘 간절히 바랐었다. 물론 전화국에 요청은 했지만 쉬운 일이 아니었다. 산기슭에 덩그러니 있는 우리 절 하나 때문에 공사를 한다는 것은 내가 생각해도 좀 미안하긴 했다. 그래도 우린 미안함을 무릅쓰고 법사와 군종병이 번갈아서 계속 신청전화를 하던 중이었다.

어느 날, 우리 군종병이 늘 하던대로 전화국에 초고속 인터넷 신청을 했는데 어떤 아주머니가 전화를 받았다. "초고속 인터넷이 거기에 왜 필요한 거죠?"라는 질문에 우리 군종병은 또박또박 훈련병들의 사진과 편지 때문에 필요하다고 대답을 했더란다. 중요한 것은 이 아주머니가 과장님인가 하는 좀 높은 직책이셨고, 더불어 며칠 전에 본인의 아들을 군에 보낸 어머니였다는 것이다. 군종병의 이야기를 듣고 눈물을 훔친 이 아주머니는 다음 날 직접 직원들을 이끌고 와서는 큰 길부터 절까지 초고속 인터넷 설치 공사를 진두지휘 하셨다.
수지타산이 안 맞아 반년 넘게 불가능하던 그 공사는 애끓는 모정의 힘으로 그렇게 반나절 만에 끝났다.

#4.

앞에서 언급했듯이 요즈음은 하루가 다르게 기술이 발전하고 또 군대라는 공간도 눈에 띄게 가까워졌다. 요즘 병사들은 틈만 나면 부대 PC방에서 자신의 페이스북 관리하는 것이 일과라고 하니 어머니들의 걱정과 불안이 훨씬 덜해지진 않을까. 이렇게 말하면 또 누군가는 어머니 맘은 또 그렇지 않다고, 늘 안타깝고 그리운 것이라고 누군가 말해줄 것이다.

미처 다 헤아리지 못하는 어머니의 자식 사랑을, 나는 분명 지지하고 응원한다. 다만 그 열정적인 사랑이 아들을 향한 맹목적인 욕심이 아니라 기도정진하는 또 하나의 이유가 되고, 내 아들을 통해서 수 많은 다른 아들들의 땀과 노력도 볼 줄 아는 계기가 된다면 더욱 좋지 않을까 생각해 본다.

아들을 보내고

부처님 군대 오신 날

06. 요즈음 군법사들은

요즈음 군법사들은

#1.

오늘도 강원도 김 신부님은 전화통화가 안 된다. 오전 중에 중요한 보고서를 완성해야 해서 답을 꼭 들어야 하는데 말이다. 아무래도 오늘이 그 날인가 보다. 어쩔 수 없이 미뤄두고 다른 일부터 처리하고 있는데 전화가 온다. 신부님이다.

"어이구 법사님. 죄송합니다. 전화를 못 받았네요."

"오늘도 '찾아가는 행복플러스' 하러 다녀 오시나봐요"

"네. 오늘은 (휴전선 부근) ○○ 소초에 다녀왔어요. 그 쪽은 전화가 전혀 안 터져서."

"여기저기 행복플러스 하러 다녀서 장병들은 행복해지는데 우리는 좀 덜 행복해지는 거 같죠?"

"하하하. 그럴지도 모르죠"

74

'행복플러스'는 군종장교인 성직자들이 장병들을 대상으로 시행하는 유명한 인성 프로그램 이름이다. 어떤 프로그램은 부대 안에서 청년 간부들을 모아서 하기도 하고, 이번 것은 격오지, 그러니까 외딴 곳에 떨어져 있는 소규모 부대를 찾아가 위문하고 상담과 교육도 해 주는 종합 패키지 프로그램이다. 그래서 '찾아가는 행복플러스'라고 부른다.

문제는 올해로 3년 째인 이 프로그램들의 반응이 너무나 좋다는 거다. 맛난 것 잔뜩 사 들고 목사님, 신부님, 스님이 함께 찾아가서 노래도 부르고 상담도 해 준다는 데 즐겁지 않음이 힘들긴 하다. 부대 이곳저곳에서 더 자주 와 달라는 요청이 빗발친다. 이 프로그램 때문에 마음이 안정되고 안전사고나 악성 사고들이 줄었다는 보고도 여럿이다.

그러면 결론은 어떻게 날까. 군에서는 은근슬쩍 예산을 올려준다. 더 많이 다니라는 말이다. 아무리 즐거운 마음으로 하는 일이라지만 이제 여기저기에서 힘들다는 볼멘소리도 들려온다. 정작 뛰어다니며 장병들 만나는 성직자는 안 행복해지는 거 아니냐는(?) 농담도 그래서 나온다.

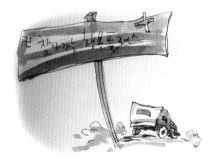

#2.

군법사에 막 지원한 스님들에게 군법사가 뭐하는 사람인 거 같냐고 물어보면 대개 주지소임을 살면서 법회를 한다고 대답한다. 조금 들어본 게 있으면 부대에 위문도 다니고 절에서 상담도 한다고 답하는 정도다. 사실 나도 그보다 모르는 채로 지원했던 것 같다. 그런데 지나고 보니 뭐가 이렇게 하는 일이 많은지 하루하루가 한해 또 한해가 정신없이 흐르고 있다.

내가 군에 와서 처음 만난 새로운 세상은 바로 '심리검사와 상담'이었다. 스님의 상담이란 게 신행상담이나 차담茶啖정도로만 생각했는데 일단 군에 오니 이런저런 전문 심리분석 프로그램을 배우고 또 현장에서 활용을 해야만 일을 할 수 있었다. 매주 몰려오는 신병들을 일일이 검사해서 해석하고 그 해석된 자료를 들고 하나하나 상담해 보고서를 작성하는 것은 시작에 불과하다. 심리검사 자료를 토대로 장교와 부사관 선발면접에서 중요한 결정을 내리기도 한다. 또 부대 부적응 병사들을 한데 모아서 하는 집단상담 프로그램도 주기적으로 해야 했다. '비전캠프'라고 불리던 프로그램이었는데 예전 군생활 하던 분들은 기억할게다. 지금은 없어졌지만.

아무튼 갓 전입한 신병들의 상담이나 어려운 병사들을 모은 집단상담 프로그램에서 군종장교들은 부대 간부들과 머리를 맞대고 토론하면서 그 친구들이 어떤 어려움이나 위험이 있는지 살피고 또 살피는 것이 우리의 중요한 일이었다. 요즘은 심리학을 공부한 민간인 상담관이 들어와서 일을 좀 덜긴 했지만 여전히 병사들의 심리를 살피고 사고 예방을 위해 노력하는 일에서 성직자들이 빠

부처님 군대 오신 날

진 적은 없다.

#3.

가끔 사람들이 묻는다. 군종 성직자들도 훈련을 하시냐고. 물론 우리도 훈련을 한다. 그것도 날이 갈수록 어렵고 힘들어지는 훈련을 하고 있는 중이다.

몇년 전에 한국과 미국의 군종장교가 함께 전시戰時 군종활동에 대한 훈련을 받았다. 두 나라 군종장교가 함께 훈련한 것이 그 때가 처음이어서 배경 지식 전혀 없이 참석했었는데 솔직히 말하면 전쟁의 현장에서 우리 성직자들이 해야 할 역할이 우리가 배워 온 것보다 훨씬 많았다.

전투가 벌어지면 일단 수많은 사상자가 생긴다. 그럼 부상을 입고 치료중인 장병들을 찾아다니며 격려와 위로를 끊임없이 해주어야 한다. 그게 끝나면 안타깝게 숨진 장병들을 위해 장례를 치르는 것도 우리의 몫이다. 전투하러 나가는 전우들에게 용기를 북돋우는 기도를 해주는 것도 너무나 중요하며, 전쟁 중에 대부분 겪는 정신적 트라우마들을 세심하게 살피고 치료해주는 것 또한 놓치면 안 되는 일이다. 말하자면 실제 전투 현장에서도 우린 쉴 틈이 없는 것이다.

아직도 훈련중에 초코파이를 나눠주러 다니는 사람이 군종장교라고 생각하는 사람들도 있지만 언제부터인가 우리 성직자들도 실전을 대비해 부단히 준비하고 훈련을 하고 있다.

강원도에 가면 실제 전투현장을 그대로 재현해 실전과 같은 훈련을 해보는 어마어마한 훈련장이 있다. 전국의 다양한 부대들이 현장감 넘치는 훈련을 하러 이곳을 다녀가는데, 최근에 가장 주목받는 사람들이 바로 군종장교들이라고 한다. 총도 없는 상태로(군종장교는 세계적으로 총을 휴대하지 않는 것을 원칙으로 한다) 전투현장을 누비며 일반 군인보다 더 강도 높은 임무들을 해내고 있다는 것이 그 이유다.

특히 지금 부대의 모든 종교를 총괄하는 분이 법사님인데 일년 내내 군복을 입고 전투현장을 누비면서 눈부신 활약을 해서 최고의 찬사를 듣고 있다. 일주일에 한 번, 일요법회에만 입는 승복이 가끔 어색할 때도 있다는 그런 분들을 보면 세상이 바뀌고 있다는 것을 정말 실감한다.

#4.

이런 군인으로서의 역할들도 중요하지만 우리 법사들에게는 또 다른 여러 역할들도 주어진다. 바로 한국불교라는 큰 포교현장이다. 다들 아시다시피 우리의 포교현장에는 미흡한 부분이 아직 많다. 그래서 현장에서 필요한 포교 프로그램이나 교재 등은 누가 준비해주는 것이 아니라 현장의 일꾼들이 그때그때 연구하고 개발해서 활용해야 한다. 오죽하면, 타종교에서 선교할 때 다양하게 나와 있는 각종 교재와 프로그램을 골라 쓰기만 하는 것이 가장 부럽다고 하겠는가. 실제로 그렇다.

서점에만 가면 왜 그렇게 세련되고 다양한 책들이 그네들에겐 많은지. 그래서 언제부턴가 법사들은 필요한 것들을 연구하고 만들기 시작했다. 그리고 어떤 것들은 역으로 군부대에서 만들어 일반 사찰에서 활용하는 것들이 생기기도 한다. 조금 힘들기도 하지만 사실 포교의 원을 세운 사람으로서 그리 낙심할 것은 아니다. 오히려 할 일이 많은 것을 즐거워 하는 사람들도 많으니까.

그래서 진실로 포교에 뜻이 있는 스님들이 있다면 망설이지 말고 군불교 현장으로 달려와 주시길. 그리고 군법사를 만나는 수많은 스님과 불자님들도 우리가 요즘 여유롭지 못한 모습을 보이더라도 너그러이 헤아려 주시길 부탁드려 본다.

부처님 군대 오신 날

07. 호국 퇴마사들

호국 퇴마사들

내가 처음 부임한 곳은 강원도 철원 최전방 부대였다. 철책이 늘어서있는 휴전선을 지키는 것이 부대의 가장 큰 임무였고, 주기적으로 달려가 경계병들을 위로하고 격려하는 일이 법사의 가장 큰 임무었다. 그러니 방금 전입 신고하고 짐도 제대로 풀지 않는 나를 우선 철책선에 데리고 가서 적응시키는 것은 당연했을 것이다. 다른 장교들도 그렇게들 하니까.

그런데 난 좀 달랐다. 보통 왼쪽 끝이나 오른쪽 끝에서부터 시작해 천천히 둘러보게 하는데, 나를 태운 짚차는 예상치 않던 전혀 엉뚱한 곳에 도착했다. 어리둥절 차에서 내리는 내게 부리부리한 상사님이 눈을 부릅뜨며 부탁을 하는 즉, 오늘 밤에 귀신 나오는 초소에 가서 귀신을 좀 쫓아주십사 하는 거였다. 할 수 있는지, 혹은 할 것인지 묻는 절차도 없다. "오늘 밤이요? 이제 곧 해가 지는데?" "부대장님께는 이미 연락해 두었으니 늦으면 여기서 주무시고 아침 드시고 내려가면 됩니다. 마음 편히 먹고 이따 가보시죠." 뭐가 마음 편히 먹으

84

라는 건지,

정신도 못차리던 나를 이끌고 산길을 가던 부대원들은 귀신이 나온다던 바로 그 계곡에 이르렀다. 달빛이 아주 밝았던 밤이었다. 아주 깊은 V자형 계곡이었는데 100개가 넘는 계단을 내려갔다 다시 올라가는 힘든 코스였다. 그날 그곳에서 근무를 서야 하는 병사 둘과 얼마 전 귀신소리를 들은 것 같다는 병장 하나 (이 친구는 왜 여길 왔는지 모르겠다) 그리고 아직 적응도 안된 새 법사님(우리 부대 창군이래 첫 스님이었다)을 데려온 수완 좋은 상사님까지 총 다섯이었다. 일행들은 V자 계곡을 채 다 내려오지도 않은 중간지점에서 멈춰서는 나를 혼자만 보냈다. 거리가 한 50m 되었을까. 저만치 덩치 큰 시골 뒷간처럼 보이는 그 초소를 손으로 가리키며 이제 가서서 할 일을 하면 된다고.

솔직히 무서워 숨이 멎을 것 같았다. 며칠 전에 미리 알고 왔더라면 좀 덜 겁이 났을까. 다른 스님들은 이런 일을 당하고 나처럼 두려워할까. 한발 한발 내 딛을 때마다 오만가지 생각이 또렷이 오르내렸다. 지금 와서 생각해보니 그 때 내가 가장 두려워했던 것은 눈 앞의 광경이 아니라 내 뒤에서 나를 뚫어져라 바라보는 저 장병들에게 내 두려움을 들키는 것이 아니었을까. 어느 새 그 초소 앞에 도착했다. 그 때 초소 안에서 작은 동물 소리라도 났으면 아마 난 기절했을 것이다.

"그냥 문 열고 들어가시면 됩니다." 상사님의 목소리였다. 이런 냉정한 친절함이라니. 난 삐걱거리는 나무 문을 열고 안에 들어갔다. 그리고 심호흡을 몇 번 하고 난 뒤에야 정신을 좀 차릴 수 있었다. 귀신은 진짜 없는 걸까. 벌레소리 바람소리만 들리는 그 안에서 잠시 있으니 의외로 마음이 평온해졌다. 그리고는 생각했다. 이 초소에 귀신이 나온다는 이야기 때문에 밤마다 병사들은 이 곳을 지나며 얼마나 겁이 났을지. 또 그런 병사들에게 따로 뭘 해 주지 못하는 간부들도 걱정이 많았을지. 그런 생각을 하며 아무리 기다려도 귀신(?)은 기별이 없었다. 혹시 내가 무서워 숨었다면 좋은 곳으로 가라는 마음으로 광명진언을 몇 번 독송해주고는 문을 열고 나왔다. "귀신은 없나요?" "글쎄요. 안 느껴지던데. 내가 기도 잘 해두었으니 별일 없을 겁니다." 사회생활 한 지 며칠 되었다고 벌써 입에 발린 종교적 거짓말이다. 그런데 그 말 끝에 아주 안도의 숨을 내쉬는 장병들을 나는 보았다. 기어綺語, 꾸미는 말와 망어妄語, 거짓말의 과보가 혹시 있다면 다 내게 오더라도 이 친구들은 그 말 믿고 밤새 안녕했으면 하는 마음이 들었다.

군에 있으면 가끔 이런 일을 겪는다. 난 그 이후로도 군생활중에 서너 개의 귀신 나오는 초소를 방문했고 오래전 병사가 자살한 건물에 가서 아직도 영혼이 남아있는 건 아닌지 확인을 해 주어야 했으며, 별 뜻 없이 선물한 경전 한 권이 사경을 헤매는 불자를 기적적으로 살려서 죽어가는 사람도 살렸다는 헛소문에 한 동안 시달리기도 했다.

물론 나는 종교인들이 흔히 하는 영험담 포교는 아주 반대한다. 사주 팔자 관상 등도 극도로 싫어하는 편이다. 하지만 군생활을 하는 그네들이 불안을 조금이나마 줄일 수 있다면 아주 작은 거짓말로 격려를 해주는 일은 아직 끊지를 못하고 있다.

내가 그런 어설픈 퇴마사 일을 하게 된 데엔 계기가 있다. 처음 군에 임관하면서 들었던 그 이야기 때문이다. 군에 대해 관심이 있는 사람만 아는 '민주지산 사건!' 98년 4월에 특수전사령부가 산악훈련을 하면서 이상기온에 휩싸여

6명이나 얼어 죽은 사고였다. 나라가 발칵 뒤집힌 큰 사건이었는데 부대장이 처벌을 받고 생존자들 치료를 하는 것도 오래 걸렸지만 그 보다 더 큰 문제는 6명의 동료를 잃은 부대원들이 심리적으로 매우 불안한 상태에서 벗어나지 못하는 것이었다고 한다.

어느 날 한 병사가 부대 뒷산에서 귀신 목소리를 들었다고 했다. 그러자 다른 병사들도 그 소리를 들었으며 자세히 들어보니 죽은 동료들의 목소리라는 것이었다. 보통 때라면 한 두 명의 병사들을 잘 치유하면 될 일이지만 마음이 극도로 허약한 상태였던 장병들은 그 귀신 이야기에 너도나도 전염되어 버렸다.

소문이 너무 흉흉해서 하루는 부대의 목사님이 법사님, 신부님을 대동하고 뒷산 쪽에 가 보았다고 한다. "아무 소리도 안 들리는데, 법사님은 뭐 느껴지는 거라도?" "뭐 바람소리 밖에 없는데요. 신부님도 그렇죠?" "네. 아이들이 마음이 너무 병들어서 그런 거 같군요. 걱정이네요."

그렇게 대화를 나누던 세 분은 이 문제를 해결하기 위해서 전에 없던 큰 퇴마 퍼포먼스를 계획했다. 보통은 각각의 종교시설에서 하던 의식이라 같이한 적은 없지만 지금 현실에 뭘 따질 상황이 아니었다. 그냥 마음의 병이 든 장병들만 눈에 보였다. 그 듣도 보도 못한 퇴마 행사를 부대장은 기쁜 마음으로 허락하고, 며칠 지나지 않아 전 병력이 연병장에 다 모여서 뒷산을 바라보고 정렬했다.

당시 참석했던 목사님 설명에는 그 친구들은 뒷산을 바라보는 것 부터가 겁에 질려 보였다고 한다. 아무튼 제단에 음식도 차리고 촛불도 켠 후에 목사님이 먼저 앞에 나섰다. 목사님의 주특기는 카랑카랑한 기도다. '하늘에 계신 우리 아버지시여' ~ 하면서 먼저 떠난 전우들을 살피시고 남아있는 장병들을 돌보아 주시길 간절히 바라는 기도를 올린다. 가까운 사람을 잃어본 사람은 안다. 보통 이 대목에서는 종교에 상관없이 두 손을 모으고 눈물을 흘리게 되어 있다. 다음은 신부님 차례. 신부님의 기도는 유별나게 차분하다.

장내에 맴도는 소리에 한 옥타브는 낮춘 음성으로 차근차근 그러나 힘 있게 기도를 한다. 기도 중간에 향통을 흔들고 성수를 사방으로 뿌리며 좀 덜 세련된 음성으로 기도문을 읽는다. 그게 마음을 더 두드린다. 그리고 마지막 순서가 법사님이었다. 그 분은 법사님 중에서도 염불소리 좋기로 유명한 분이셨는데 먼저 떠난 전우들의 이름을 하나하나 호명하고 축원한 뒤에 빠르지 않게 정근을 시작했다. 나무아미타불- 나무아미타불-. 절에 안 다니던 사람도 사극 드라마만 봤다면 다 아는 그 염불은 어느새 모든 장병들의 합창이 되었다.

그때 지휘관이 제안했다. "이대로 뒷산으로 오릅시다!" 그러자 목사님의 지휘에 따라 염불하는 법사님을 필두로 모든 장병이 한발 한발 뒷산으로 올라가는 장관이 펼쳐졌다고 한다. (물론 내가 직접 본 것은 아니고 이 일을 계획하고 또 진두지휘했던 목사님께 생생하게 들었을 뿐이다) 그 때 그 사람들의 마음은 어땠을까. 아마도 많이 울고 많이 내려 놓고 또 많이 치유되었을 것이다.

왜냐하면 그 날 이후로 귀신 목소리를 듣는 장병이 없었다고 하니까.

이런 것을 '하얀 거짓말'이라고 한다면 군생활을 하는 동안은, 힘든 친구들에게 필요할 때마다 가끔 건네 주고 싶다. 기어綺語와 망어妄語의 과보는 감사한 마음으로 내가 끌어 안고 말이다.

호국
퇴
마
사
들

부처님 군대 오신 날

08. 군에서 가장 좋은 자리는…

군에서 가장 좋은 자리는…

최전방에서 근무하던 때 일이다. 그때는 낮에는 일반 부대를 왔다 갔다 근무하다가 저녁이 되면 간식꺼리를 사서 철책으로 올라가는 게 일과였다. 해가 어스름 질 때쯤 전방 소초에 도착하면 좀 전에 산 간식들을 가방에 잘 싸서 둘러메고 야간 위문을 간다. 새벽에 위문이 끝나면 그 인근 내무반의 빈 자리에서 잠을 청하고 아침까지 잘 얻어먹은 뒤에 철책에서 내려온다. 그럼 새로운 하루가 시작되는 것이다.

매일 몇 시간씩 철책을 돌며 병사들을 만나면, 얼마 지나지 않아 친근해진 녀석들이 마음을 열고 이런 저런 이야기를 들려준다. 그렇게 대화를 하는 도중에 마음 편안한 녀석, 불편한 녀석, 몸이 아픈 녀석, 힘이 드는 녀석이 속속들이 눈에 들어오는 법이다. 그 중 한 녀석은 정말 최전방 근무를 힘들어했다. 몸이라도 아파야 벗어날 수 있는 것인지 오만상을 찌푸리며 묻는 녀석에게 딱히 해줄 말은 없었다. 맡고 있는 임무를 그렇게 쉽게 바꿀 수 있는 게 아니기 때문이다. "부대 사령부 PX에서 물건이나 팔면 얼마나 편하고 좋을까요?" "이 녀석아. PX 관리하는 게 뭐 마냥 쉬운 줄 알아?" "아무리 그래도 이렇게 매일 철책 근무서는 거하고 비교가 되겠습니까. 저는 전생에 무슨 죄가 있는 걸까요?"

그러고 보면 참 안 되기도 했다. 혈기왕성한 청년들이 이렇게 지루한 곳에서 하루하루 보내는 일이 오죽하겠는가. 나 또한 그저 들어주고 웃어주고 간식 하나 더 건네는 것 밖에는 없었다.

그러던 어느 날, 그 날도 사령부에 있는 PX에서 음료와 초컬릿 등을 한 바구니 사던 참이었다. "오늘도 전방에 올라가십니까." "뭐, 매일 그렇지." "법사님, 저도 거기 가고 싶네요." "어디? 전방에?" "이거 뭐 사내 대장부가 맨날 이런 곳에서 시간 보내면서 저녁마다 10월 20원 가지고 계산 안 맞는다고 씨름하는 것이 영 성에 안 찹니다. 저도 최전방 근무 같은 거 해 보고 싶은데, 요새 스트레스가 장난 아닙니다."

"아, 그렇구나. 알았다!" 여기까지 듣고는 난 바로 부대장님을 뵈러 갔다. 그리고는 거두절미하고 이 두 병사, 최전방에 가고 싶어하는 PX병과 PX에서 근무하고 싶어하는 최전방 경계병을 한 번 바꾸어 볼 수 있는지 여쭈었다. "뭐, 재미있겠네요. 해당 지휘관들한테 한번 부탁해서 해 보세요."

그리고는 며칠 지나지 않아 이 두 병사는 보직이 서로 바뀌었다! 각자가 꿈에 그리던 보직에 드디어 입성하게 된 것이다. (훌륭한 법사님께 마음을 토로한 공로로 말이다) 나중에 은혜를 갚겠다고 얼마나들 좋아하던지. 자, 여기까지가 이야기의 앞부분이다. 그럼 결말은 어떨까. 해피앤딩으로 끝났으면 참 좋았겠지만, 결론은 그렇지 못하다.

1주일이 채 지나지 않아서 최전방으로 간 PX병은 사나이같은 멋짐보다 무겁게 다가오는 경계근무의 무거움을 토로했고, PX로 간 경계병은 치밀하지 못한 계산능력과 친절하지 못한 판매 자세로 계속 지적받으면서 잔뜩 위축이 되어버렸다. 그리고는 (처음 나의 예상대로) 두 사람은 원래의 자리가 가장 잘 어울리는 자리임을 깊이 깨달으며 다시 돌아갔다는 현실적인 결말이 되겠다.

요즈음 어느 장군과 당번병들의 문제로 온 나라가 떠들썩하다. 물론 갑질까지 했다고 하는 그 지휘관 내외는 참 옳지 못하다고 본다. 그러나 그와 동시에 얼마 전에도 아들이 당번병으로 갔다고 또 지휘관 운전병으로 가서 편하게 근무하게 되었다고 기뻐하며 자랑하던 부모님들의 얼굴도 떠올랐다. 그만큼 많은 사람들이 내 아들만큼은 군에서 편하게 근무하길 바란다. 그러나 동시에 온 국민이 군대에 바라는 것은 군대다운 군대, 군인다운 군인이 되는 것이다. 이 어울리지 않는 두 가지 소원이 가끔 우리를 헷갈리게 한다.

그럼 군종병은 어떨까. 지난 주에도 내가 있는 육군본부에서는 각 종교의 군종병을 선발하는 면접시험을 치렀다. 그렇게 가끔 열리는 군종병 선발면접을 앞두고는 부모님들의 관심과 문의가 참 대단하다. 그리고 그 중에서도 가끔씩 대놓고 묻는 분들도 있다. "요즘 군종병 편하죠? 오늘 뽑히면 좀 편한 부대에 보내주나요?"

그런데 솔직하게 말해서 아무리 생각해봐도 이 군대라는 곳이 더 편하고 더 힘든 자리가 있을까 싶다. 물론 객관적으로 시설이 좀 좋거나 덜 좋거나 하는 차이가 있고 훈련이 더 많거나 힘들거나 하는 차이는 분명히 존재한다. 그런데 그게 실제로 군 생활을 힘들고 편하게 만드는 결정적인 이유가 될까.

부처님 군대 오신 날

엄밀히 말하면 그런 건 없다. 아무리 다 쓰러져가는 건물에서 하루종일 단내 나게 훈련해도 가장 행복할 수도 있고, 최신시설을 자랑하는 부대에서 근무해도 외롭고 힘들 수가 있다. 군종병은 절에서 사니까 힘들지 않다고 생각하진 마시라. 그런 말하면 듣는 군종병이 발끈할 수도 있다.

새벽에 다른 병사들보다 한 두 시간씩 일찍 일어나는 것, 이거 정말 힘든 일이다. 한 달에 한 번은 주말 외박을 나가는 동료들을 보면서 매주 주말을 법회와 함께 불태우는 것, 그것도 어려운 일이다. 하루종일 집에도 안가고 절에서 수다를 떨고 잔소리하는 보살님들이 있다면 그분들과도 적절히 맞춰 살아야 한다. 무엇보다 군인 지휘관과는 전혀 다른 상관인 법사님! 이 사람이 어떤 성향인지에 따라 군종병의 길흉화복이 왔다갔다 한다. 부대 고참들에게 덜 시달리는 것, 훈련의 강도가 좀 덜하다는 등의 장점은 평소에는 별로 와 닿지 않고 언제나 마음에 남는 것은 불편한 것들 뿐이니까.

군종병들 중에 갓 군생활 시작하는 이등병, 일병 때에는 열심히 하다가 고참이 되어서는 힘들어서 일반 부대로 보내 달라고 하는 경우가 꽤 있다. 다른 이유도 있겠지만 대부분은 신병때는 법당에서 혼자 근무하면 고참들의 시달림을 벗어날 수 있어서 좋았는데, 자신이 고참이 되어보니 부대에서 후임들에게 대접받는 동료들이 부러워지는 거다. 그래서 자신을 보호해준 군종병 자리를 헌신짝처럼 버리고 부대로 돌아가려는 것이다. 이런 병사들이 얄밉다고 느껴지시는가. 만일 이 병사가 여러분의 아들이라면 어떻겠는가. 사람의 마음이란 게 참 어려운 것이다.

군생활을 적응하는 것은 각자의 성격과 경험에 따라 다르겠지만 밖에서 직업을 가지고 일하다가 온 친구들의 경우는 대부분 군생활을 즐겁게 잘 하고 나간다. 어려워 하지도 않고.

예전에 신병교육대에서 대대 군종병을 하던 친구가 있다. 직책은 훈련병 조교였는데 이 조교라는 자리가 참 피곤하고 힘들다. 그래서 주말에는 보통 생활관에서 쉬려고들 한다. 근데 이 친구는 평일에는 조교를 하고 아침저녁으로는 분대장 직책도 수행했다. 신교대에서 가장 바쁜 직책인 것이다. 거기에 주말이면 법당에 나와서 열심히 일을 도왔다. 난 이 친구가 늘 걱정되었다. 저러다가 쓰러지는 것은 아닌지. 그럼에도 그는 늘 타인을 챙기면서 표정도 밝았다.

한 번은 차 한 잔을 내어주며 진지하게 물었다. "안 그래도 힘든 조교직책을 하면서 주말에 이렇게 쉬지 못해서 어떡하냐"고. 그랬더니 이 친구 이렇게 답했다. 자신은 "군대에서 생활하는 것이 사실 휴식 같고, 오히려 가끔 휴가 다녀오는 것이 훨씬 힘들다"고 말이다. 알고 보니 이 친구는 부산에서 펜싱팀을 가르치는 현역 코치였다. 군대에 오느라 일을 잠시 쉬어야 했지만 제자들이 아직 선수들이라 휴가를 나갈 때면 바로 훈련장으로 달려가 내내 지도를 해주고 온다고 했다. 새벽부터 밤까지 선수들 지도하고 분석해주던 일들이 정말 고되었는데, 군생활은 그에 비하면 인생의 휴가같이 느껴진다는 것이었다.

똑같은 조교 직책을 하면서 누군가는 늘 힘들다고 투정을 하지만 또 어떤 이에겐 휴식같고 놀이같이 느껴지는 것이 이 세상 참모습 아닐까.

그래서 우린 늘 말한다. 군에서 가장 좋은 자리가 어디냐 하면, 당신의 아들이 가 있는 바로 그 자리라고 말이다.

부처님 군대 오신 날

09. 추석에는

추석에는

　　예전에 신문에 사진 하나가 실렸다. 어느 지역 시의원이 추석맞이 하천 대청소를 했다는 사진이었다. 기사 내용은 추석날 아침 6시에 지역의 하천을 깨끗하게 정비해서 고향을 찾는 사람들의 마음을 상쾌하게 한다고 써 있었다. 사진에는 시의원과 공무원 몇 명, 그리고 수많은 군인들이 서 있었는데, 줄잡아 한 100여명은 되어 보였고 맨 앞줄에 지휘관인 대령이 서 있던 풍경이었다.

　　과연 어떤 반응들이 있었을 것 같은가. 스님인 나조차도 불타는 결기로 댓글을 달 뻔 했다. 이미 온라인은 과격한 댓글로 넘쳐났는데, 왜 아무 죄도 없는, 심지어 그 지역사람도 아닐 장병들을 추석 아침부터 (6시에 집결하려면 몇 시에 일어났으려나) 그 고생을 해야 했나. 만일 그날의 장병들 중에 그 지역 유권자가 있었다면, 그 정치인의 앞날은 더욱 암담해졌으리라.

　　추석이 되면 장병들은 뭐하는지 궁금한 분들이 많다. 간단하게 말하면 조금 느슨하게 계속 군복무를 한다. 민족의 큰 명절이니 부대에서 차례도 지내고 이런저런 프로그램도 하지만 대체적으로는 훈련이나 교육이 없이 '개인정비'라 불리는 시간 속에서 망중한을 즐긴다.

사실 명절만큼 군에 있는 장병들의 마음이 허한 날은 없다. 설날이나 크리스마스에도 동일한 증상이 나타나는데 마치 몸이 아파서 병원에 입원한 채로 전해 듣는 잔치 소식처럼 헛헛한 마음이 떨쳐 지지가 않는다. 그런 허전한 마음, 우울한 기분이 군에서는 참 경계해야 하는 것 중 하나이다. 그래서 보통 명절이 다가오면 간부들은 서로 머리를 맞대고 명절 계획을 짠다.

연휴가 길고 긴 때에는 더욱 다양한 아이디어를 짜내어 체육대회도 하고 이벤트도 하면서 병사들을 방치하지 않도록 노력하는데 그게 다 생각지도 못한 사고를 미리 막기 위한 대비책이다. 보통의 청년들이야 그냥 허전하고 우울한 기분을 느끼며 쉬면 그만이지만 그 많은 병사들 중에 혹여 가정에 문제가 있는 친구들, 여자친구와 갓 헤어진 친구들, 이런 저런 사정으로 마음의 병이 깊은 친구들이 있을지도 모르고, 그런 친구들은 이런 무료하고 우울한 시간들이 매우 힘들기 때문이다.

군종장교들은 명절 어간이 되면 다른 때보다 더 활발하게 위문활동을 한다. 전방 휴전선 부근은 물론이고 평소에 조금 소외되었다 싶은 곳들이 있으면 집중적으로 선물 보따리를 싸 들고 찾아다닌다. 개인적으로 나는 명절에 꼭 챙겨주는 친구들이 있는데 첫 번째가 군 병원에서 근무하는 친구들, 두 번째는 헌병대의 병사들, 마지막으로는 신병교육대 조교들이다.

왜냐하면 다들 평소에는 환자 위문, 수감자 위문, 그리고 훈련병들을 위문하느라고 정신없는데 그 옆에서 근무하는 병사들은 정작 등잔 밑이 어두운 것처럼 소외되기 일쑤라서 그렇다.

한번은 사단의 '본부대'를 위문하기로 맘먹은 적이 있다. 본부대가 어떤 부대인지 잘 모르는 분도 있는데 운전병, 취사병, 군종병, 행정병, 기술병 등 특기병들이 집합해있는 부대의 핵심이다. 이 부대의 특징은 다들 기상시간 취침시간이 다르고 근무지가 제각각이라서 서로 얼굴 마주치기도 쉽지 않은, 그래서 부대장도 부대원 얼굴을 한번 씩 보는데 한 달이 넘게 걸린다는 특별한(!) 부대다. 당연히 이 부대는 밥 먹을 때에도 한데 모이질 않고 시간도 제각각이라는 말을 들었기에 나는 추석날 저녁에 피자를 한번 쏘겠다는 객기를 부렸다.

본부대 병사들은 원래 잘 안 모인다니 한 열 판이면 생색이 나겠지 하고 나름 꾀를 내 본 것이다. 그런데 전날 저녁부터 분위기가 왠지 이상했다. 평소에 법회 올 인원들을 물어보면 몇 명이 오는지 잘 파악도 안되던 그 부대에서 몇 시간마다 내게 인원보고를 새로 했다. 처음엔 30명이 모인다고 했다가 50명, 60명, 점점 늘어나더니 위문을 하기로 한 추석 전날 최종인원은 무려 75명. 그게 전부가 아니었다. 다음날에도 아침 7시부터 인원을 정정한다는 전화가 오기 시작해 결국 저녁 6시엔 부대원 180명 중 160명이 넘게 모였다. 80개의 피자가 두 개의 가게에서 공수되었고 집에서 쉬고 있던 부대장도 소식을 듣고 뛰어와서 이런 멘트를 남겼다.

"저희 부대원들이 다 모인 것을 부임하고 2년 만에 처음 봅니다."

법사에게 타격은 컸지만 소기의 위문 목적은 달성했으니 위안을 삼았던 추석이었다.

이런 명절이 되면 부대에서 가장 처음 신경 쓰는 이벤트는 바로 '차례'이다. 여러분들은 우리 전통 차례에 대해서 얼마나 아는가.

그저 어머니 할머니가 차려 놓으신 차례상에서 아버지의 신호에 따라 잔 올리고 절 하고 맛난 아침식사를 하는 정도가 우리 머릿속의 차례 아닐지. 아마도 남자들로 가득한 군대에서는 부대마다 차례를 치러야 하는 것도 쉬운 과제는 아닐 것이다.

십 수년 전에 내가 처음 전방부대에 부임했을 때, 부대에서 이런 부탁을 했다. 추석 차례상을 차리는 법과 지내는 법을 쉽게 정리해서 보고해 달라고. 이왕이면 그림으로 그려달라고 해서 빈 종이에 쓱쓱 적어서 주었다. 그러자 그 다음 날 그 내용을 컴퓨터 문서로 작성해서 줄 수 있냐고 묻는데, 알고 보니 옆 부대에서도 그 자료를 요청한 것이었다. "그동안 차례 안 지내셨어요?" "아뇨. 매년 지내긴 했지요. 근데 정확히 아는 사람도 없고 자료도 서로 다르고 해서 지내면서도 찜찜했습니다." "아 그렇구나. 제대로 배운 적이 없이 적당히 해오고 있었구나." 그때 그림으로 설명하며 작성한 그 자료는 모르긴 몰라도 강원도 인근의 많은 부대로 컴퓨터를 타고 퍼져 나갔을 것이다.

요즘은 인터넷의 정보들이 발달해서 그런 부탁을 하는 부대는 더 이상 없다. 그렇게 한 단계 발전한 것이다.

그리고 보니 발전한 게 또 하나 있다. 바로 차례상에 쓰는 향로와 촛대이다. 예전에는 명절이면 법당으로 향로와 촛대 등을 꽤나 빌리러 왔었다. 평소에는 잘 안 쓰지만 차례상을 차리려다 보니 촛대, 향로 등이 필요해졌고 가만히 생각하니 법당이란 곳에서 그걸 본 기억이 난 거다! 그런데 불단에 올려져있는 촛대와 향로는 함부로 내려서 다른 용도로 쓰면 안 된다.

특히 차례상이나 제사상에 한 번 쓴 불기는 부처님 전에 다시 올리는 법이 아니다. 하지만 아무리 설명을 해도 물건을 빌리러 온 간부는 딱 반나절만 쓰고 깨끗하게 돌려준다는데 뭐가 그리 깐깐하냐고 매우 서운해 한다. 이렇게 툴툴대며 돌아서는 것도 법사가 버티고 있으니까 가능한 설정이지, 군종병이 홀로 지키고 있는 작은 법당의 경우는 높으신 간부의 위력을 못이기는 경우도 많다. 그래서 명절 전날이면 예하부대 군종병들이 다급한 목소리로 전화를 하는 경우가 종종 있었고 나는 이 법당 저 법당을 뛰어다니며 빼앗긴(?) 불기를 회수하다가 해가 저물기도 했다.

물론 정 사정이 딱한 부대 같은 경우는 법당에서 예전에 쓰던 촛대를 내어준 적도 있고 새것으로 사준 적도 있다. 그렇게 세월이 흐르다 보니 이제는 각 부대별로 작은 상자에 제기를 보관해 두고 차례를 지낸다. 그간 부대의 살림살이가 조금 나아진 것인지 아니면 법사님들의 간곡한 가르침을 이해한 것인지 잘 모르겠지만.

요즘은 예전과 다르게 명절에 집에 가는 것이 부담스럽다는 장병들을 많이 본다. 안 그래도 전역 후의 미래에 대해 고민들이 많은데 친지들이 모여 있으면 계속 묻고 잔소리를 하셔서 힘이 든다고들 한다.

사회가 얼마나 힘들면 이제는 병영이 더욱 맘 편한 곳이 되어버렸을까. 세상에 정해진 것은 없다고 하지만 쓸쓸한 기분이 드는 건 어쩔 수 없다. 사회가 힘든 만큼 어수선한 시절 속에서 우리 장병들도 그 이상으로 힘들게 나라를 지키고 있다. 이런 군복무 속에서 단비처럼 찾는 내 가족, 내 고향이 마음 편한 곳이 되어줄 수 있으면 참 좋겠다.

부처님 군대 오신 날

10. 우등생도 문제아도 인연따라

우등생도 문제아도 인연따라

옛날에는 고문관이라고 했다. 왜 그런 별명이 붙었는지 모르겠지만 어리숙하고 꽉 막힌 병사를 이르는 말이었다. 그러다가 한참동안 문제사병으로 불렸고 십수년 전에는 관심사병이란 말을 썼는데 이젠 그마저도 현장에선 사라졌다. 요즘엔 뭐라고 부르는지 물어보니 딱히 지칭하여 부르는 말은 없고 부대에서는 '사랑이 필요한 용사' 라는 묘한 명칭으로 분류(?)를 한단다.

사실 모든 부대에는 군대라는 터프한 사회에 적응이 늦는 친구가 꼭 한 둘은 있다, 그게 정상이다. 모두가 다 적응력이 최고이고 사회성이 만점일 수가 있겠는가. 그런데 그게 단순하게 수치로 잴 수가 있을까.

하루 24시간 내내 엄중한 긴장감이 흐르는 휴전선 경계 부대에 신체는 매우 건강한 신병이 하나 도착했단다. 철책경계는 말 그대로 24시간을 교대로 근무를 서야 하기에 한 명의 추가인원이 너무나 반가운 곳이다. 아무튼 내성적이

114

지만 건장한 체구에 특별한 문제가 없던 이 친구는 바로 부대생활을 시작한다. 때 마침 추운 겨울이었고 경계근무가 힘이 든 만큼 다들 긴장하고 예민해져 있는 그런 시기였다.

전방에 살다보면 가끔 폭설로 인해 문제가 생기는 경우가 있는데 이 부대는 재수 없게 급수관이 얼어버렸다. 급수관은 먹고 씻는 물을 전방으로 보내주는 관이다. 산 아래 본부에 전화를 해서 얼어버린 급수관을 서둘러 해결해달라고 했지만, 보통 눈이 너무 오면 그걸 다 치우기 전에는 수리를 할 정비반 차량이 올라오지 못한다.

전방부대에서 이 정도로 당황하면 안 된다. 보통은 이럴 때를 대비해서 물도 좀 비축해두고 식량이나 난방용 연료도 준비해둔다. 단, 언제 올지 모르는 본부의 정비반이기 때문에 기다리는 동안 모든 물자는 낭비없이 아껴서 써야 한다. 이에 모든 물자를 최대한 아끼고, 특히 넉넉하지 못한 물탱크 사정상 식수 위주로 쓰고, 샤워보다는 간단한 세면으로 물을 아끼라는 명령이 내려진 상황. 그런데 문제가 있었다.

아까 언급한 그 신병! 청결하기가 이를 데 없어 하루에도 대 여섯 번씩 샤워를 하지 않으면 견디지 못하는 친구였던 거다. 그러나 여기는 군대고 명령은 곧 목숨보다 위중한 곳이니 다들 비장한 각오로 매일 세면장에 제공되는 물 한 통으로 양치하고 간단한 세수만 하면서 부대원 전체가 나눠 쓰는 게 당연했다.

그래서 처음 하루는 꾹 참았다고 한다. 둘째 날에는 큰맘 먹고 분대장님께 샤워하면 안 되냐고 건의했다가 생전 처음 듣는 욕을 잔뜩 들었다. 소심해 보이는 이 신병, 그렇다면 주눅 들어 있을 만도 했으나 결국 사고를 쳤다. 참다 못한 이 친구, 세면장으로 뛰어가서 바가지로 샤워를 하며 그날 하루 중대원이 나눠 쓸 물을 싹 비워버린 것이다! 깨끗한 것이, 잘 씻는 것이 죄는 분명 아닐 진데, 상황이 이렇다보니 세상에 이런 역적이 없었다.

위 아래 할 것 없이 모든 장병들이 손가락질 하고 비난을 해대며 간부들까지도 명령을 우습게 여긴다느니 개념이 없다느니 한 순간에 부대의 분위기는 최고로 험악해졌다. 자, 이럴 경우 우리는 이 병사를 관심병사, 혹은 '사랑이 필요한 용사'가 되었다고 하는 것이다.

보통 이런 사건이 일어나면 적응도 못한 이 신병은 그 부대에서 머무르기가 힘들게 된다. 눈이 와서 길도 막히고, 나름 고립된 상황에서 잔뜩 예민해진 일촉즉발의 상황. 무슨 사고가 일어나도 이상하지 않을 만큼 위험한 분위기에 고민하던 지휘관은 결국 사단 본부에 계신 군종참모, 법사님께 전화를 한다. (이 병사가 불자였기 때문에 그랬다고 한다)

"법사님! 여차저차 해서 아주 문제가 되어버린 신병이 있는데 당분간만 맡아주시면 안될까요."

호탕한 법사님은 "뭐 그럽시다" 허락을 하고, 이내 바람 같은 속력으로 찌프차가 하나 달려오더니 꾀죄죄한 신병하나를 내려놓고는 휭 사라진다. 말 그대로 부대에서는 큰 시름덩어리를 떠 맡긴 것이다.

"네가 대대장님 말하시던 그 친구구나, 여기 절이니까 좀 편히 있다가 가거라."

"저, 죄송한데 부탁이 있습니다." "뭐냐?" "저‥ 저‥ 샤워좀 해도 됩니까?" "하하하 되지. 하루 열 번도 하거라."

여기까지는 보통 법사님이 문제가 되는 병사를 법당에 데리고 있는 일반적인 스토리다. 게다가 당시의 주지법사님도 목욕을 매우 좋아하는 깔끔한 성

격이라 그게 밉게 보일 리는 없었다. 그렇게 원 없이 씻고 나온 병사가 마음의 평
정을 찾아갈 무렵 조용히 법사님께 두 번째 부탁을 한다.

　"저, 법사님. 부탁이 또 있는데요." "뭔데." "저‥ 제가 부엌청소를 좀 해도
될까요. 사실 제가 더러운 것을 너무 못 참아서…" 전방부대의 군법당 부엌은
사실 일반 가정집 부엌에 비하면 매우 낙후되고 더럽기도 하다. 그런 더러운 부
엌청소를 한다니 법사님이 허락을 안 할 이유가 없었다. "그래! 여기 있는 동안
네 마음대로 청소하고 씻다가 가거라."

그런데 이 친구, 청소의 수준이 남 달랐다. 그냥 쓸고 닦는 것이 아니라 수십년 찌들어서 어쩔 수 없어 보이는 기름때며 물때, 창틀, 천장 등등 누가 시켜도 그렇게 할 수 없을 만큼 땀을 흘려가며 청소를 하는데 얼마 지나지 않아 법사님은 물론 그 절에 오는 모든 신도들이 달라진 법당 모습에 감탄을 금할수 없었다. 군법당 부엌과 화장실과 요사채 등등이 이렇게 정갈하고 찬란할 수 있으리라 상상도 못했을 만큼 빛이 나더라는 신도들의 증언이 지금도 전해진다.

아무튼 그 친구가 머물던 한 달 여의 시간동안 법사님과 모든 신도들은 환희와 안온함으로 가득한 신행생활을 했고, 정말 안타까운 마음으로 그 친구를 돌려 보내야 했다. 떠나는 그 병사의 마음은 오죽했으랴. 원 없이 씻고 또 청소하며 행복했던 군법당을 뒤로하고 원래 부대로 복귀를 해야만 했다.

자, 그 뒤로는 어떻게 되었을까. 당연히 이 법당은 서서히 먼지와 때가 낀 예전의 모습으로 돌아가기 시작했다. 병사들은 크게 개의치 않았으나 일단 깨끗한 정토세상을 맛 본 보살님들은 서서히 법사님께 눈치를 주기 시작했다. 보다 못한 법사님이 직접 군종병들을 이끌고 대청소를 시도해 보았으나 신도들을 감동시키는 데에는 역부족이었다. '아, 이 일을 어찌하나.'

사실 부대에서 병사 하나를 지원받는 것 자체가 쉽지가 않다. 이미 군종병이 한 명 있는 군법당의 경우는 거의 불가능하다. 그 한 명의 군종병이 없는 법당도 많기 때문이다. 게다가 최전방 경계부대의 병사는 다른 곳으로 보내는 것이 매우 위중한 일이기에 간단한 일이 결코 아니었다.

그러나, 이 모든 어려움을 딛고 법사님은 큰 결심을 했다. 라면박스며 초코파이며 음료수까지 잔뜩 싣고 어려운 부탁을 하러 가기도 한 것이다. 망설이

부처님 군대 오신 날

다 전화를 했더니 대대장님은 다행히 반가운 목소리로 "어서 오시라"며 기다리 겠다고 전했다. 초조하지만 나는 듯이 달려 법사님은 부대에 도착했다.

반갑게 서로 인사하는 법사님과 대대장님. "이 먼 곳까지 와주시는 것도 고마운데 간식들을 저렇게나 많이 가져오셨습니까! 너무 감사합니다…" "아이 구 뭘요. 늘 고생하시는데 자주 못 찾아뵈어서 죄송합니다. 별일 없으셨죠." 등 등 의례적인 인사가 오간다. 어떻게 말을 꺼내야 할지 고민하는 법사님께 대대 장이 먼저 입을 연다.

"법사님 사실 꼭 드릴 말씀이 있습니다만…" "네 무슨 말씀이신지…" "사 실은 말입니다 저번에 복귀한 그 이등병 기억하시죠? 그 친구가 사실 심성은 나 쁘지 않고 정신적으로도 문제는 없는 친구인데요. 부대 오자마자 또 갈등이 심 합니다. 아시죠? 그 씻는 문제 때문에요 그 친구 때문에 요새 제가 걱정이 이만 저만 아닙니다. 그래서 말인데 어려우시겠지만 이 병사좀 맡아주실 수 없으실 지…"

법사님은 대답 대신 똑같이 간절한 눈빛으로 대대장님 손을 꼭 잡았단다. 이걸 전문용어로 이심전심以心傳心이라고 한다나. 아무튼 그 병사는 지옥에서 법 사님 차를 타고 다시 극락으로 돌아왔다는 전설같은 이야기!

부처님 군대 오신 날

11. 나는 누구인가?

나는 누구인가?

십년쯤 전이었나, 그 날은 수계법회가 있는 날이었다. 오후가 되자 인근 사찰 동학사에서 학인(강원에서 공부하고 있는 스님, 대체로 초보승려인 경우가 많다)사미니 스님이 몇 명이 오셨는데 인사를 하려고 보니 멤버가 새로 바뀌었다. '아, 전에 오시던 학인스님들은 이제 졸업을 하셨구나.' 시간이 빨리도 흘렀다는 생각이 들었다.

동학사의 학인스님들은 벌써 수년 전부터 군법당 수계법회를 할 때에 연비지원을 해주고 계신다. 그러니까 어른스님이 계사로서 오계를 설해 주시고 나면 병사들의 팔에 향으로 연비燃臂를 해주어야 하는데 이게 보통 일이 아닌 것이다. 그래서 젊은 스님들이 포교에 보탬이 되고자 이렇게 매달 수계법회 하는 날이면 군법당을 찾아주신다. 고마운 일이다.

매주 훈련병들을 챙겨 법회를 치러내는 것도 쉽지 않지만 한 달에 한번 돌아오는 수계법회는 이것저것 챙겨야 할 것이 너무 많은 큰 행사이다. 이런 때에

도와주는 일손 한 명이 얼마나 고마운지, 게다가 그 존재가 스님들이라면 천군만마가 따로 없다. 아무튼 그런 반가운 얼굴로 스님들을 맞이했는데 이 분들의 표정이 영 떨떠름하다. 군법당이 처음이어서 어색한가?

일단 다실로 안내하고 차 한잔을 권했다. 학인들이라 그런지 군기(?)가 바싹 들어 정자세로 나란히 앉아 꼿꼿하게 아래를 응시한다. 모두 네 명. 웃음기 하나 없이 앉은 스님들에게 내가 먼저 이야기를 건넸다.

"군법당 오시는 게 처음이신가 봐요."

"네"

"전에 오시던 분들과는 정들었었는데."

"네, 그 스님들은 졸업하셨어요. 이번 달 부터는 저희가 수계법회 지원 소임을 맡았어요."

"그러시군요, 잘 부탁드립니다."

잠시 정적이 흘렀다. 역시 비구니 스님들이라 내외를 많이 하시는구나 하는 생각도 들고, 어떻게 보면 우리 전통강원의 규율이 잘 느껴지는 것 같아서 좋아 보이기도 했다. 걱정이라면 계사를 맡아주실 어른스님께서 오시려면 아직 1시간은 남았는데 무슨 이야기를 풀어가야 하나 그런 생각이었다.

참고로 계사를 맡아주시는 분은 지금은 세종시가 된 장군산 기슭의 영평사 주지스님이셨는데 수행이 깊은 어른 스님임에도 너무 소탈하셔서 우리가 모시러 가는 것을 극구 거부하시고 수계법회 때면 늘 혼자 운전해서 달려오신다. 법사들 고생이 많다고 격려해주시며 매달 법회 간식비에 보태라고 지원금까지 주시는…, 말하자면 모든 법사들이 꿈꾸는 이상적인 어른 스님이랄까. 자, 이런 훌륭한 큰스님은 도착하시려면 한참 남았고, 나는 종일 분주하던 일정을 정리하며 이 처음 보는 늠름한 학인 스님들을 잘 대접해야 한다.

차를 한잔 마시던 학인스님이 묻는다.

"여기 군법당에는 군인들이 얼마나 오나요?"

"법회에 따라 다르지요. 오늘같이 일요일은 일반 병사들과 간부들이 아침에 오는데 100명 정도 오구요. 오후에는 훈련병들이 오는데 대중없긴 하지만 적으면 한 200명, 많으면 400~500명 정도 옵니다."

"그렇게나 많이 와요? 그럼 오늘도 그렇게 많이 오나요?"

"오늘은 수계법회니까 많이 오죠. 오늘 대상자가 한 400명 조금 넘으니까요."

살짝 놀라는 눈치다. 서로 두런두런 하는 소리에 선배 스님들이 사람도 적고 하나도 안 힘들다고 하는 이야기를 듣고 이 소임을 선택했는데 이게 웬일이냐는 현실적인 투덜거림이 들렸다. '아, 이 분들도 매우 인간적인 대화를 하는구나.'

"사시기도에는 몇 명이나 오나요?"

"네? 사시기도요? 군법당에는 사시기도를 따로 하진 않는데요. 초하루나 재일 때만 기도를 하죠."

"사시기도를 안 한다구요?"

또 한 번 놀란다. 내 생각에 이 정도 수준이면 군불교에 대해서는 아예 모르는 수준이라 살짝 걱정이 되었다. 그때 내심 아주 놀라운 대사가 들렸다. "여긴 스님이 없어서 그런가봐, 수계법회 할 때에만 어른 스님이 오시는 거라고 했잖아." "그런가? 군법당이 어렵다더니 스님이 없어서 그런 거였구나."

그 대화를 들으며 가만히 지금 나의 '꼴'을 살폈다. 오전법회가 끝나고 군종병들과 점심을 지어먹으며 회의를 한 다음에 간식창고에 가서 오후법회에 쓸

과자와 음료수를 열심히 옮겼다. 승복바지에 회색 후드티를 입고 그렇게 작업을 하다가 법회 준비가 대충 끝나서 승복 조끼만 대충 걸쳐 입고는 불손하게도 스님들을 맞이한 것이다. 너무 바쁘기도 했고, 원래 그렇게 일꾼처럼 살고있기는 한데, 사실 주지는커녕 스님으로도 보이지 않는 몰골이 어찌 보면 당연했다. 이쯤 되면 그냥 내가 이 절 주지라고 말해주면 되는데 또 못된 장난기가 발동한다.

"그럼, 이 부대 군인이시겠네요."

나를 두고 하는 말이다.

"네. 당연히 이 부대 소속 장교입니다."

그러고 나서는 군불교에 대해서 이런저런 질문에 대해 아는 만큼 열심히 대답을 해주었다. 일반 사찰에 비해 군 사찰이 어려운 점들, 왜 이런 청년 불자들을 잘 보살펴야 하는지 등등 생각보다 열띤 문답 끝에 드디어 이 스님들이 내게 권했다.

"저. 처사님은 출가를 하시는 게 좋겠어요!"

"네? 뭐라구요?"

"그렇게 열정이 있으시니, 출가를 해 스님이 되어서 수행하고 포교를 하면 딱 좋겠다구요."

출가라…. 말문이 탁 막힌 그 순간에 다행스럽게도 차소리와 함께 어른스님께서 도착하셨고 나는 얼른 동방(승복상의)을 꺼내 걸치고는 법당 앞에서 스님을 맞았다.

"내가 손님 좀 치르느라 조금 늦었네. 미안하이. 학인들이 얼굴이 바뀌었네. 반갑네"

아까와는 다르게 매우 수줍은 표정으로 공손하게 늘어서서 합장 배례를 한다.

"자네들, 여기 주지스님께는 인사 올렸겠지?"

안타까운 사미니들이 깜짝 놀란다. 다들 눈이 그렇게 크신지 처음 알았다.

"인사 안했어? 이런 녀석들을 보았나. 선배 스님께 인사하는 거 안 배웠어?"

뭐. 일단 큰스님께 인사를 올린 뒤에 교육차원에서 꼭 절을 받아야 한다는 스님의 엄명에 따라 어색하게 앉아서 사미니 학인들의 절을 받았다. (참고로 나는 절을 받는 것을 너무 너무 싫어한다)

수계법회는 문제없이 잘 마무리 되었다. 그리고 언제나처럼 큰스님께서 먼저 떠나시고는 학인들은 내가 직접 동학사까지 모셔다 드린다. 가는 차 안에서도 한마디 없던 학인 스님들은 절에 도착하자마자 내려서는 이마가 땅에 닿을 듯이 인사를 하고 사라져버렸다. '내가 좀 심했나…'

가끔은 내가 스님처럼 보이지 않는 것을 지적하고 우려하는 분들도 있다. 그런데 그게 잘 안된다. 특히 야전부대 군법당에서는 군복과 법복을 계속 바꿔 입고, 거기에 작업복, 운동복까지 왔다갔다 하다보면 거룩한 모습은 잘 지켜지지가 않는다. 대신 내가 이렇게 살다보니 상대방도 스님인지 아닌지 잘 따지지 않게 되었다.

어떻든 이곳 군법당에서는 내가 얼마나 오래되고 높은 지위를 가지고 있는 스님인지는 장병들에게 별로 중요하지 않다. 단지 당신이 무엇을 위해 살며 최선을 다하는지, 진실하게 노력하는지가 제일 중요하다. 지위와 신분을 벗어놓은 후의 나는, 그대는 과연 누구인가?

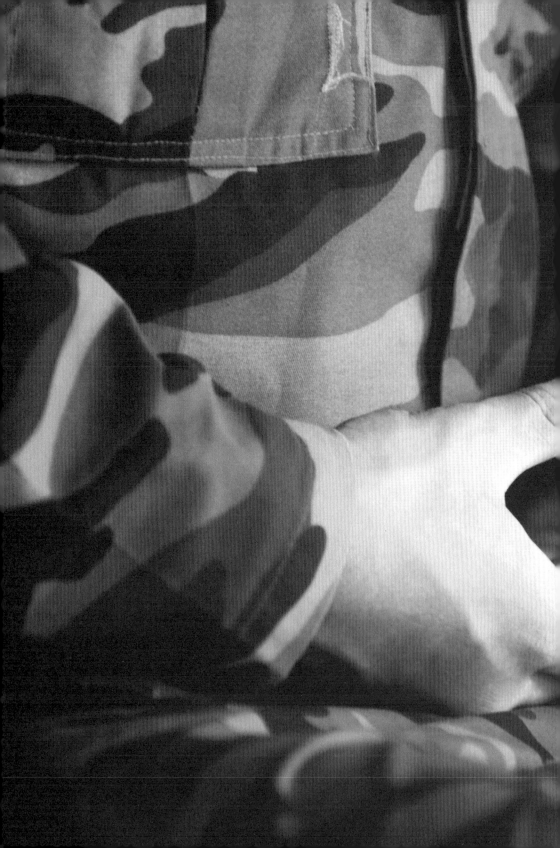

부처님 군대 오신 날

12. 메리 크리스마스

메리 크리스마스

군부대의 성직자들은 하나의 부서에 속해있는 동료직원(?)으로 일한다. 보통 '군종참모부'로 불리는 부서에 군종병, 군종부사관(다들 아시는 하사 중사 이런 분들이다)과 함께 있는 군종장교들이 바로 우리들이다. 목사님과 신부님, 그리고 스님, 보통 이렇게 한 세트로 부대에 배치가 된다. 그러니 좋든 싫든 내내 서로 부대끼며 일하는 수밖에 없다. 아마 출가한 스님으로 이런 경험을 하는 것은 이곳 군대가 유일하지 않을까.

그런 가족같은 동료가 치르는 일 년 중 가장 큰 행사가 크리스마스다. 어찌 그냥 지나칠 수 있으랴. 격하게 축하해야 하고 함께 하는 것이 당연하다.

처음 군에 왔을 때엔 그게 참 어색하기도 했지만 선배님들의 조언을 듣고 나름 계획을 세운다.

우선 크리스마스 이브의 저녁엔 성당에 간다. 보통 천주교의 미사는 성탄전야 미사가 크다. 물론 크리스마스 아침에도 미사를 드리지만 분위기가 좀 가

134

벼워지는 느낌이다. 그에 비해 개신교 교회의 경우는 크리스마스 아침 예배가 가장 성대하다. 전날 저녁에는 보통 음악제나 연극을 하며 화목한 분위기로 기도를 하고 새벽송(크리스마스 이브의 자정 즈음 집집마다 돌아다니며 성탄의 소식을 노래로 알림)을 준비한다. 즉 외부 손님이 가기는 좀 뭣한 자리인 것. 그러니 밝은 얼굴로 다음 날 아침 성탄예배를 참석하면 무리없이 두 종교의 성탄을 함께 축하할 수 있는 법이다.

난 한 동안 징크스가 있었다. 매년 성탄 전야 미사를 끝내고는 거나한 2부 잔치를 여는데, 아시다시피 신부님들은 주(酒)님을 가까이 하시기 때문에 천주교 신자 간부들은 부푼 기대를 안고 사제관(신부님의 공간)에 모여 미사보다 더 열정적으로 예수님 탄생을 축하한다. 설명이 길지만 말하자면 신부님과 함께 술자리를 마련하는 것이다.

그런데 어찌된 일인지 그 자리를 주관하셔야 할 신부님은 어떤 해에는 짧은 주량 때문에, 어떤 해에는 급성 질병 때문에 시작하자마자 자리를 뜨셔야 했고, 그 옆에서 어색하게 분위기 맞추던 축하사절에 불과한 법사(물론 깔끔한 승복 두루마기 입고 앉아있는)가 엉겁결에 행사의 주관이 되어버리곤 했다. 시작한지 10분 만에 쓰러져버린 신부님을 보내고, 그 자리에 밀려 올라간 법사는, 부대가 너무 멀어서 뒤늦게 나타난 다른 부대의 천주교 신자들까지 맞이하며 행사를 치러야 했던 일이 여러번이었다.

물론 부처님오신날에도 슬그머니 부엌에 나타나 현란한 요리솜씨를 보여주신 - 그래서 보살님들이 부대 불자 간부인 줄 알았다던 - 목사님도 있고, 흰 양복에 흰 구두를 신고 천사처럼 금일봉을 들고 나타나셨던 신부님도 있었다.

그렇게 다들 서로 돕고 살고 있다.

어느 해에는 [성탄전야미사 - 성탄예배]로 이어지는 공식이 깨진 적도 있었다. 성당은 없고 넓은 들판에 아담한 법당과 교회만 나란히 있던 강원도의 작은 부대에 근무하던 시절이다. 그땐 포스가 대단하던 목사님이 함께 일했었는데 전역을 얼마 남기지 않은 이 목사님은 매사에 거침이 없었다. 아직 군생활 초년병이던 내가 부대를 총총걸음으로 지나고 있으면 목사님이 큰소리를 친다. '거기 스님! 거 목사처럼 경망스럽게 뛰지 마쇼! 스님은 점잖게 걸어야지!'

암튼 이 목사님이 크리스마스 이브에 전화를 주셨다.

"법사님, 오늘 저녁에 약속 있어요?"

"아뇨, 성당이 없으니 오늘은 좀 한가하네요."

"그럼 잘 되었네. 우리 성탄음악제 하는데 꼭 오쇼. 7시입니다. 늦으면 안 돼!"

(초대장이나 예고도 없다. 과연 우리 목사님의 포스는 -)

교회에 갈 때엔 왠지 외모에 더 신경을 쓴다. 삭발도 더 깔끔하게 하고 승복도 더 꼼꼼히 살펴본다. 무심하려 해도 그게 잘 안 된다. 다들 스님이 생소하고 처음 보는 사람들도 있으니 내 이미지가 곧 불교의 이미지가 아닌가. 게다가 성탄 음악제라니. 조금 더 옷 매무새를 가다듬고, 저녁도 먹는 둥 마는 둥 7시를 10분쯤 남기고 예배당으로 들어섰다.

예배당의 모습은 매우 이상했다. 십자가 아래로 초코파이 박스가 잔뜩 쌓여있고 깔끔한 전투복은 커녕 활동복(부대에서 잘잘 때나 쉴 때 입는 가장 편한 트레이닝 복을 이렇게 부른다)차림의 병사들이 서성대고 있었다. 가장 눈에 띄는 것은 방금 일하다 온 듯 작업복을 입고 패딩을 걸친 목사님이 나를 맞이한 것

이다.

　"법사님 오셨네. 잘 왔어요. 내가 자리를 안내해줄게."

　뭐에 홀린 듯 끌려간 곳은 성가대석. 보통 설교하는 목사님 옆에서 45도 각도로 객석을 바라보는 그 자리 맨 앞줄에 날 앉힌다. 거기에는 '심사위원장'이라는 팻말도 붙어있다.

　"법사님이 오늘 성탄음악 경연대회 심사위원장이요. 여기 다른 위원들하고 잘 심사하시면 됩니다. 1등은 초코파이 30상자, 2등 20상자, 3등은 10상자이고 나머지 팀들은 한 상자씩 줄 거에요. 자 서로 인사들 하시고."

　이건 무슨 소리인가. 아직 상황파악이 안된 내 옆으로 양복을 차려입은 분들이 앉는다. 얼굴을 보니 우리 부대 대령이고 교회 신도회장을 맡고 있는 간부님, 그 옆으로 총무 재무 등등의 교회 간부들이 나를 반갑게 맞아준다. 늘 격식을 싫어하고 거침이 없는 목사님은 또 한 번 파격적인 행사를 예배당 안에 펼쳐 보이는 중이다.

내 앞에 채점표를 보니 참가번호가 20팀이 넘었다. 아마 초코파이 30상자의 매력에 이끌려 이 부대 병사란 병사는 다 참여한 듯 싶었다. 독특한 복장이나 분장을 한 팀도 보였고, 나름 어디서 구한 성가대복을 입은 팀도 있었지만, 개중에 가장 눈에 띄는 팀은 바로 생각지도 못한 법사님의 등장으로 넋이 나가있는 '불교 군종병' 팀이었다!

이윽고 작업복 차림의 목사님이 원고도 없는 개회멘트로 경연이 시작되었다. 애초에 교회 안 다니는 인원이 훨씬 많은 참가팀들이다. 당연히 캐롤이건 복음성가건 제대로 부를 리가 없었다. 가끔 노래 잘하는 병사 한 둘에 묻어가는 팀이나 율동이나 아이디어로 승부하는 애처로운 팀도 있었지만 전체적으로 매우 저렴하고 병사스러운 무대들이 꾸역꾸역 이어졌다. 가끔 너무 한심한 상태가 되면 목사님이 호통을 쳐서 끊어버리기도 하고, 더없이 어설프고 허무한 재미가 있는, 그러나 분명 성스럽지는 않은 성탄음악제였다.

드디어 마지막 팀이 끝나고 목사님이 성큼 성큼 다가온다.
"자, 신도회장님은 채점표 받아서 종합하시고 법사님은 심사위원장이니 나와서 짧게 심사 총평을 좀 해요."
이건…, 명령이다. 여긴 교회라서 그런 건가. 천천히 무대로 나가 서서 마

138

이크를 잡았다. 가만히 보니 정훈부에서 매주 부대뉴스를 제작하는 팀이 어느 새 촬영도 하고 있다.

"아, 노래 잘 들었습니다. 그런데 솔직하게 말하면 좀 기대에 미치지 못했어요. 명색이 성탄음악제인데 연습들 좀 더 하지, 이게 뭡니까. 음정 박자도 잘 못 맞추고. 여러분의 성가 실력이 너무 형편없어요!"

그러자 앞줄에 기대 앉아있던 목사님이 한마디 한다.

"그럼, 어떻게 해야 잘하는 건지 법사님이 보여준다는 말인가요?"

거침없는 목사님의 말씀이었지만 왠지 기죽기는 싫었다. 게다가 저 뒷줄에는 배신의 아이콘, 불교 군종병들도 목을 빼고 앉아있지 않나.

"뭐. 그게 어렵겠습니까. 까짓 거 한 번 보여주지요."

교회 군종병의 오르겐 반주에 맞추어 내가 부른 노래는 '노엘'이란 곡이다. 들어보신 적이 있는가.

"노엘 ~ 노엘 ~ 이스라엘 왕이 나셨네 ~" 대충 이런 가사의 노래이다. 뭐 다들 이런 캐럴 한 곡 쯤은 알고 계시지 않은가. 어찌 되었든 그 성탄음악제를 다룬 부대뉴스 영상에는 큰 십자가 아래 초코파이 박스들을 배경으로 서서 노엘 성가를 부르는 두루마기 입은 스님의 노래만 편집되어 강원도 전역의 예하부대에 여러 번 방송이 되었다고 한다. 이것이 내가 겪은 군부대 크리스마스 이야기이다.

부처님 군대 오신 날

13. 산신님을 모시는 법

산신님을 모시는 법

양구에 있던 허름한 법당은 정말 낡고 좁았다. 지은 지 30년이지만 흙과 합판으로 지어놓은 탓에 언제 쓰러질지 모르는 대웅전. 그 작은 법당 한 켠에 산신이 모셔져 있다. 색도 입히지 않은 흰 조각상, 그 뒤로 산신도가 그려진 족 자가 하나. 이 족자가 눈에 띄는 까닭은 낡은 법당보다 더 낡은 풍모 탓이다. 도대체 무슨 풍파가 그리 많았는지 바래고 낡기가 이를 데 없었다. '이걸 잘 불 살라버려야 하나.' 이런 내 눈치를 읽었는지 뒤 따라온 노보살님들이 손사래를 친다.

"스님. 이 산신님은 아주 영험합니다. 전에 이 산신탱화를 내다 버렸던 스 님은 불구가 되어서 떠나갔어요. 저희가 겨우 다시 모셔 놓았다구요. 그러니 딴 맘먹지 마세요!"

겁을 먹거나 하진 않았다. 그리고 예전 선배 법사님의 사건이야 들어서 알 고 있었지만 그게 딱히 산신탱화 때문이라고 할 수도 없었다.

단지 이 오래된 불자들의 마음 속에 유독 산신 신앙이 뿌리 깊다는 것을 확실히 느꼈을 뿐이다. 대부분 젊은 나이에 전방부대에 부임하는 군법사들은 신식 불교를 배워온다. 하여, 산신신앙에 대한 존중이 예전 같지 않은 것이, 바로 이 노인네들을 불안하게 하는 거다. 나 또한 젊은 스님이고 더구나 여긴 최전방 부대, 정신없이 하루 하루 뛰다 보니 그런 중요하지도, 급하지 않은 일들은 일상 속에서 시나브로 잊혀갔다.

그렇게 2년을 살았다. 없는 살림에 끝없이 몰려들던 병사들을 챙기느라 법사도 법사지만 우리 불자들이 고생이 참 많았다. 몇 안되는 군불자 부부들도 중요하지만 더 마음이 가는 것은 민간불자들이다. 이 동네 노보살 불자들은 일단 환갑은 오래 전에 넘은 노구의 몸으로 열심히도 법당을 봉양해 왔다. 그런 고마운 분들을 생각하니 그냥 떠날 수가 없었다. '무얼 좀 해드려야 하나.' 가만히 생각을 하던 내가 떠올린 답은 산신이었다. 평소에도 우리 할매들이 그렇게 아끼고 모시던.

날이 밝자마자 산신님과 족자를 차 뒷자리에 모시고 서울로 떠났다. 서울에는 군에 오기 전부터 잘 알던 불교전문점이 있다. 출가한 지 몇년 안 된 풋내기가 뭘 알겠나. 늘 이렇게 무턱대고 찾아가서 도움을 청하는 게 고약한 습관이다. "스님! 살펴보니까 족자는 좀 깨끗하게 다듬어야 겠구요. 이 하얀 산신님은 색을 입혀야겠어요." 진단이 나와서 천만 다행이다.

아까도 말했듯이 난 신식 스님이다. 그래서 영험담 같은 것은 그다지 믿지 않는다. 그저 산신님을 법당에 깔끔하게 모시겠다고 주지가 나서니 많은 노보살님들이 그 마음을 헤아려 함께 고마워해 주었다. 그것으로 충분했다.

사실 걱정이 없진 않았다. 뭐니뭐니 해도 돈걱정이다. 좋은 마음은 내었는데 어설프게나마 산신 모실 단을 설치하고 또 산신님 채색도 하고, 족자 그림수리에도 비용이 많이 들게 되었다. 어느 정도 예상은 했지만 세상 물정 모르는 군인 스님의 생각보다는 꽤 비싼 불사였다. 그래도 내심 조용히 돈을 좀 빌려서 치르고 나중에 조금씩 갚을 요량이었다. 기뻐하고 설레어하는 할매들 모습을 보니 굳이 찬물을 끼얹고 싶지 않았다. 그냥 잘했다는 생각만 들었다.

그렇게 얼마가 지나고, 산신님을 다시 모시러 가니 가게에는 직접 그림을 손보고 채색을 하신 기술자가 와 계셨다. 군법당 일이란 말에 일부러 오셨다는데 본인도 군생활 하면서 법당에 탱화를 그리고 단청을 하셨다고 했다. 신기하게도 그분이 병사시절 그린 탱화는 내가 초임시절 100일 기도를 올렸던 화천의 천불사 탱화였다! 서로가 너무 반가웠고 왠지 우리 산신님이 더 신비하게도 느껴졌다. 군법당에 모실 분이라 더욱 신경 써서 해 주셨다고도 했다. 자 여기까지는 우연히 좋은 인연을 만난 평범한 이야기이다.

이렇게 행복하게 불사를 하면서도 부대를 떠날 날이 다가오기에 점안법회 날짜는 서둘러 잡아야 했다. 돈을 모을 시간도 점점 줄고 있던 상황이었다. 그러던 중에 예정에 없던 손님이 오셨다. 전 부대인 천불사 법당 군종병의 어머니였는데 사실 개인적으로 연락을 하거나 한 적은 없어서 아주 뜻밖의 만남이었다. 이 부근에 일이 있어서 가다가 마침 양구를 지나며 내가 생각나 연락하셨다 했다.

반가움에 차부터 한 잔 대접했다.

"너무 오랜만입니다. 양구까지 어쩐 일이세요. 전엔 늘 바쁘셨는데-"

보살님은 사실 큰 회사를 이끄는 사장님이셨다. 아들이 군종병 복무한 인연으로 화천 군법당에 시주도 크게 하시기도 했고.

"자주 연락 못 드려 죄송합니다. 제가 사실은 백담사에 기도를 하러 가는 길이라 중간에 들렀어요."

사업하는 분들은 이런 기도 여행도 더러 다니곤 한다. 우리들이 모르는 뭔가가 있으신 모양이다.

"그러시군요. 먼 여행길이네요. 여기서 하루 푹 쉬고 올라가세요."

"그런데 법당에 무슨 행사준비 하시나요?"

"네. 내일 저희 법당에 조그맣게 산신 점안법회를 합니다. 원래 모시던 분인데 새로 개채(색을 새로 칠함)도 하고 해서"

"여기에 산신님이 모셔져 있다구요?"

이 분이 놀라는 이유가 있었다. 새로 큰 사업을 하나 시작하여 불안한 마음에 어딜 가서 물어보니 산신 모셔진 절 열 군데를 찾아서 기도를 올리라고 했다는 거다. 내일 찾아가려는 백담사가 그 열 번째 절이었던 것.

"제가 백담사 갈 필요가 없어졌네요. 내일 여기서 기도하고 가겠습니다."

뭐 이것도 우연이라고 봐도 무방하다. 어쩌다 보니 그렇게 맞춰진 것이겠지.

그런데 이상한 일은 또 있었다. 노 보살님들 중에 한 분이 전화를 받았는데 평소 알고 지내던 산 너머 비구니 노스님이 꿈 이야기를 했단다. 말씀인즉, 스님의 꿈에 법당에 모시고 있던 산신 할머니 (이곳 사명산은 산신을 할머니라고들 했다)께서 스님 방으로 찾아오더니 내가 새집이 생겼다며 산 너머로 떠난다고 했다는 것이다. 오래된 마을은 이런 소문이 빨리도 퍼진다. 조촐하게 우리 식구끼리만 하려던 법회에 마을 어른들이 많이도 찾아주신 것은 아마도 그 소문 때문일 거다.

"산신은 누군가. 바로 산 그 자체가 산신이다.

산신이 백발 할아버지처럼 따로 있다고 생각하면 착각이다.

산신을 진실로 모시고 보살피는 길은 산과 자연, 그 자체를 모시고 귀하게 여기는 것이 제일이다.

예전에는 산을 스님들이 지켰다. 그런데 요즘은 누가 산을 지키나. 바로 군인들이 지킨다.

그래서 산신을 귀하게 여기는 사람들은 푸른 옷 입은 군인들도 함께 귀하게 여겨야 한다."

대충 이런 설법을 했다. 이 이야기는 내 스승님께서 해주신 말씀을 그대로 옮긴 것 뿐이다. 그러나 생각해보면 강원도 양구라는 곳은 사방이 산으로 둘러

싸여있고 태어나면서 죽을 때까지 산의 보살핌을 받으며 산 속에서 사는 삶이다.

어찌 산을 귀하게 여기지 않을 수가 있을까. 거기까지 헤아려보니 그네들의 뿌리깊은 산신 신앙은 결국 스스로의 삶에 대한 올바른 성찰이라는 생각이든다. 이 일의 시작은 단지 고마움의 표현이었지만, 어쩌다 보니 동네 많은 어르신들을 모시고 산신에 대한 설법을 할 기회를 얻은 것이다.

그 귀한 설법의 자리를 빌어 또 스승님의 말씀을 빌어 그네들의 산과 자연을 향한 경외심을 신앙의 차원에서 현실로, 또 함께 어깨 걸고 살아가는 젊은 장병들에게로 조금 넓힐 수 있었다. 그리고 내가 전해들은 한 그 때 함께 했던 많은 분들은 그 날 이후에도 장병 위문에 또 군법당 불사에 늘 힘을 보태주셨고 격려해 주셨다고 하니, 제대로 산신 신앙을 꽃피우는 분들이 되신 것 같아 내심 뿌듯했다.

덧붙여서, 열 번째 산신기도 비용을 내어 놓으신 보살님과 생각보다 많이 찾아주신 동네 어르신들의 보시 덕에 불사 비용을 다 갚고 남은 빚 없이 그 절을 떠날 수 있게 된 것 또한 잊으면 안되는 중요한 가피이다. 신식 스님에게도 그런 신묘한 가피는 더러 필요하다.

부처님 군대 오신 날

14. 군인들의 편지 이야기(1)

군인들의 편지 이야기(1)

- 이심전심以心傳心 편지 법회

일요일 아침, 내 기억에 그날은 추운 늦겨울이었고, 9시에 시작하는 이른 법회에 법당 가득 병사들이 들어차 있었다. 법회가 시작되고 입정에 이어 설법을 하려고 앉았는데 법당 맨 뒷문이 열리고, 못보던 부부가 들어섰다. 병사가 아닌 간부와 일반 불자들은 대부분 앞쪽에 앉아있었지만 처음 참석한 이 부부는 살짝 늦기도 했고 또 어색했는지 맨 뒤에 자리를 잡고 앉았다.

나중에 들은 이야기지만 이 중년의 부부에게 병사들이 다가와 말을 걸더란다. 아마 몇 안되는 부대 간부들을 피해서, 처음보는 동네 민간인 불자에게 다가온 것이겠지.

"저 아저씨!"

처음엔 이 '아저씨'는 자기를 부르는 줄 몰라 계속 법문을 듣고 있었는데 두세 번 부르다가 어깨를 툭 치며 다시 불렀다.

"나 부른 건가?"

154

"아이, 당연하죠. 여기 아저씨 말고 누가 있어요."

이 상황이 당황스런 이 '아저씨'께 고참 상병쯤 되는 능숙한 병사가 주머니에서 뭔가 꺼내어 건넨다.

"죄송한데, 부탁하나 합시다. 이거, 아저씨 집에 가시는 길에 우체통에 좀 넣어줘요."

"이거, 편지인가?"

"거 보면 몰라요? 우표까지 붙은 거니까 그냥 가시다가 넣기만 하면 돼요."

"그런데, 군인들은 군사우편으로 부쳐야 하는 것 아닌가?"

"아이 참, 꽉 막힌 아저씨네. 나두 알아요. 그건 늦게 가잖아요. 그냥 우체통에 넣어만 주시라니까."

법문시간에 목소리가 슬슬 커지는 것을 본 아저씨의 '아내'가 말린다.

"여보, 알았다고 하면 되지 그걸 또…. 법회 중에 조용히 좀 하세요."

떨떠름하게 편지를 받아서 안주머니에 넣고는 다시 설법에 집중하는 아저씨. 그리고 병사들. 법문이 끝날 때 쯤에 법사는 부대 간부들에게 미리 들은 소식을 전달했다.

"자. 여러분, 오늘 이 법회에 중요한 손님이 오셨는데요. 바로 다음 주부터 이 부대에 부임하시는 연대장님이 부처님께 먼저 인사를 드린다고 법회에 참석을 하셨네요. 살짝 늦게 오시긴 했는데, 잠깐 앞으로 모셔서 인사말씀 청해 듣겠습니다."

혹시 모르실까 해서 말씀드린다. 군법당에서도 간부들은 사복을 입고 법회에 온다. 일요일이니까. 그러니 그 상병은 안타깝게도 그날 이후로 다시는 법당에서 볼수 없었다고 한다. (부대생활은 무사히 잘 했는지 모르겠다) 이 병사의 슬픈(?) 사연은 바로 군사우편이 일반 우편보다 더 느리게 전달이 되는 그 당시의 현실 때문에 일어난 사건이다.

법사생활 한 지 1년이 갓 넘은 초보법사는 그 속도의 차이가 병사들에게 아주 중요하다는 것을 그날 처음 알았다. 그리고 이 편지의 속도차이가 누구에게 가장 간절할 것인가를 계속 고민하다 바로 갓 입대한 '훈련병'들이라는 결론도 함께 얻게 되었다.

아까 언급한 일반 병사들은 사정이 좀 낫다고 볼 수 있다. 전화도 있고, 부대 인터넷도 있기 때문이다. 그러나 훈련병들은 그런 것들이 딱 차단된다. 훈련소에 입소하면서 연병장 저 너머로 줄지어 사라지는 아들 뒷모습을 본 이후에는 그가 입고 있던 사복과 짧은 편지가 집에 도착하고, 그리고서도 한참이 지나야 아들의 손 편지가 온다. 왜냐면 훈련병들은 입소 후 몇 주가 지나야 편지를 쓸 수 있고, 그걸 부대에서 모아 군사우편으로 보내주는데 그 절차 때문에 좀더 오래 걸리는 것이다.

생각해보면, 이 훈련병 생활 6주간(이 이야기는 벌써 15년 전 이야기라 그렇다. 요즘은 5주이다)이 군생활 중에서도 제일 아슬아슬하고 힘들기도 하며 무엇보다 가장 '효심'이 지극해지는 시간이다. 난 이 기간 동안에 이들의 효심을 듬뿍 담은 편지를 좀더 많이 쓰게 하고 싶었다.

일반적으로는 이렇다.
신병으로 입대하면 머리 자르고 군복과 물건들을 지급받고 정신 차리는

데에 일주일, 밥 먹는 거 걸어다니는 거 말하는 거 쬐끔 배우는 데 또 일주일이
다. 보통 이 시간이 지나야 종이와 볼펜을 쥐어주고 편지를 쓰게 해주는데 이렇
게 간절한 마음으로 쓴 편지는 대량의 군사우편을 모아서 분류, 정리하여 도착
하는 것이 열흘 쯤 걸린다. 이미 입대한 지 3주에서 4주가 지난 시점이 되는 것
이다.

　　그럼 이걸 어떻게 해결하는가.

　　우리 신병교육대 법당에서는 입대하고 첫 훈련병 법회에, 그 당시에는 매
주 목요일 저녁에도 훈련병들을 위한 법회를 했는데 군에 온지 며칠 안 된 싱싱
한 훈련병들에게 나는 법회 중에 편지를 쓰게 했다. 법회시간도 모자란데 무슨
시간이 나느냐고 물으신다면 법문을 5분만 하는 한이 있어도 편지 쓰는 시간을
충분히 주었다고 답하고 싶다. 시간만 주는 것이 아니다. 편지지와 봉투, 그리
고 볼펜도 어마어마하게 들어간다. 훈련병이 한 300명이라면 편지지는 매주

1천 장 넘게 소비되었다. 법당에서만 쓰는 것이 아니라 부대로 돌아갈 때에는 편지지와 볼펜을 두둑하게 넣어간다. 그리고는 다음 법회에 올 땐 조교들의 눈을 피해 어떻게들 쓴 건지, 편지 뭉치들을 들고 나타난다. 그렇게 법회가 끝나면 우리 군종병들은 편지들을 모아 봉투를 붙이고 우표를 붙인다.

마지막으로는 이 수백 통의 편지들을 마을 우체국에 접수하면, 빠를 경우 입대한 지 1주일도 채 되지 않아 효심이 가득 담긴 편지가 부모님 앞에 도착하는 것이다!

더러 경미한 부작용도 있다. 우선 법당에 오지 않았던 친구들의 편지가 점점 많아졌다. 그러니까 법당에서 챙겨간 편지지를 같은 방 전우들이 나누어 쓰고 또 그걸 모아서 법회시간에 내는 거다.

그걸 알아챈 군종병들이 격론을 벌였다. 불자 훈련병 것이 아닌 편지는 적발해서 돌려보내자는 과격파와 그래도 그 마음이 간절하니 어찌 그럴 수 있냐는 온건파! 하지만 결국 적발해낸 편지들을 읽어보던 과격파가 부모님께 쓴 글에 참지 못하고 눈물을 글썽이는 바람에 개혁(?)은 실패로 돌아가고, 좀 힘들어도 다 보내주는 것으로 합의가 되었다.

다른 부작용도 있었다. 부모님께 편지를 쓰라고 했더니 상당수가 여자친구에게 편지를 써내고 있는 것이다. 여친에게 쓰지 말고 부모님께 쓰라고 엄포를 놓아도 그때 뿐. 훈련병들의 씽씽한 잔머리는 이길 수 없다. 받는 여자친구 이름을 ○○○귀하, ○○○여사님 이렇게 위장을 한 편지들도 발견되었으니 말이다.

아무튼 훈련병 법회시간이면 편지로 파티를 벌인 덕에 편지지와 볼펜, 그리고 우표 비용이 눈에 띄게 늘어갔다. 어느 날, 엄청나게 먹어대는 간식비보다도 편지 비용이 더 많이 들어갈 무렵, 착하디 착한 우리 군종병이 아이들에게 한마디 했다고 한다. 이 편지 비용 때문에 법사님이 너무 힘들다고, 고마운 줄 알고 아껴서 좀 쓰라고. 정말 그 때엔 즐겁게 편지 쓰는 훈련병 모습에 기분은 좋았지만 점점 늘어가는 비용에 고민은 좀 되었다. 이걸 계속 이어나가야 하나 말아야 하나.

그러던 차에 법당으로 소포들이 도착했다. 열어보니 훈련병인 아들이 편지에 써 보냈다며 어려운 스님을 위해 편지지와 봉투, 그리고 우표들이 줄지어 온 것이다. 그 후로도 계속 날아오는 소포들이 내게 전하는 바는 분명했다. 절대로 이 편지 법회를 중단하지 말라는 것.

귀한 아들을 군에 보내며 이별한 부모의 마음을 사실 다 알지 못한다. 더불어 그 부모를 떠난 불안하고 애절한 자식의 마음도 다 헤아리긴 어렵다. 하지만 난생 처음 부모의 그늘을 떠난 청년이 쭈그리고 앉아 부모님께 편지를 쓰는 그 시간, 그 절절한 마음을 넘어서는 법문을 나는 전해줄 자신이 없다.

그저 어느 군법당 부처님의 그늘에서 글썽이며 편지를 적은 그 시간을 기억한다면, 내 법회는 그것으로 넘치고도 남을 거라고 생각해본다.

부처님 군대 오신 날

15. 군인들의 편지 이야기(2)

군인들의 편지 이야기(2)
- 마음까지 담아 보낸 인터넷 편지

선배 법사님 한분이 디지털 카메라를 장만했다고 한다. 그때가 2001년. 당시 디지털 카메라는 큰 맘 먹고 사야 하는 귀한 물건이었다. 카메라의 용도는 분명했다. 훈련병들의 사진을 찍어서 그들에게 전해주고 싶다는 것이었다. 물론 당시에도 부대에서 수료식 사진은 찍어주었다. 그런데 그 사진이란 것이 수십 명의 중대원을 한 장에 찍은 것이어서, 손톱만한 아들 얼굴이 다들 아쉬웠던 것. 법당에 나온 아이들을 여남은 명씩 서너 장만 뽑아주어도 다들 그렇게 좋아하더란다. 표정의 생생함 또한 부대장님과 함께 찍은 사진과는 비교가 안되는 건 당연한 일이고.

좋은 것은 얼른 따라해야 한다. 그렇게 나도 사진을 찍어서 주기 시작했는데 처음엔 나도 기쁘고 병사들도 즐거워한 사진 이벤트에 두 가지 문제점이 드러나기 시작했다. 첫째, 수백 명이나 되는 친구들에게 매주 사진을 주려니 돈이 많이 들어갔다. 뭐든 잘 되기 시작하면 인원이 금새 늘어나는 법. 그만큼 비용도 무섭게 불어났다. 두 번째 문제는 엉뚱한 곳에서 나왔다. 이 친구들이 부탁하길 사진을 자신들에게 주지 말고 집으로 보내달라는 것이었다. 사진을 받고 생각해보니 지금 이 사진을 가장 보고 싶어하는 사람이 가족들이라는 것을 느끼게 된 것. 가끔은 나누어준 사진을 편지와 함께 집에 부치는 경우도 있었지만 사진 인화하는 것이 시간이 걸리는 까닭에, 편지와 별도로 집으로 한 장 한 장 보내주다 보니 나중엔 감당이 안 되게 많아졌다. '아, 결국에는 시간과 인력, 그리고 돈의 장벽에 부딪치는구나.'

그 때 한 군종병이 제안을 했다. "이거 인터넷으로 올려주고 집에서 보라고 하면 안될까요?"

자, 여기서 글을 읽는 분들은 약 20년 전의 상황을 가정하고 생각해보아야 한다. 그 당시는 전화선으로 인터넷을 겨우 연결해 썼으며, 인터넷 카페라는 것이 점점 처음 생겨나기 시작하던 '옛날'이었다. 다행히 인터넷이 뭔지 알아듣는 법사가 훨씬 더 문명화된 청년의 제안을 운 좋게도 접하게 된 것이다.

아마도 그게 바로 군부대 인터넷 카페의 시작일 것이다. 당시에는 아무도 그런 생각을 못했던 때이니까. 하지만 간절함은 무엇이든 극복하는 법. 군종병과 나는 연구 끝에 인터넷에 '신병교육대 법당 카페'를 만들고 거기에 글을 올리고 사진도 올리는 법을 배웠다. 당시로서는 나름 신기술이었고 꽤 오래 걸렸다. 사진은 디지털 카메라로 찍은 것이니 바로 인터넷에 올릴 수 있고, 이젠 훈련병의 가족들이 이 카페에 와서 아들사진을 보기만 하면 되는 일이었다.

하지만 일을 하면서도 걱정이 떠나지 않았다. '젊은 우리도 이렇게 어려운데 부모님들이 이런 것을 어떻게 하시려나.'

그래서 인터넷에 접속하고 카페에 가입하는 법을 적은 매뉴얼을 만들었다. 깨알 같은 글씨로 써서 복사를 한 후에 훈련병들에게 편지 속에 넣어 보내라고 알려주었다. 그렇게 말을 잘 듣는 훈련병들도 없었지만, 진짜 놀라운 것은 바로 우리 어머니들이었다. 아들의 사진을 볼 수 있다는 말 한마디에 이 분들은 대단한 열정으로 컴퓨터를 정복하기 시작했다. 우리가 대신 부쳐준 훈련병들의 편지가 집에 도착하는 시간을 추측해보면, 인터넷 카페에 가입한 뒤 아들의 사진을 조회하기 시작하는 것이 만 하루도 안되는 것 같았다.

당시 90%가 컴맹이셨을 어른들을 생각하면 기적같은 일이었고 어머니의 위대함이 아니었을까.

사진의 스토리는 거기서 끝이 아니었다. 어느새 그 어른들은 사진에 답글을 적기 시작했다. 우리 생각엔 훈련병들 사진에 붙는 답글이면 '표정이 좋아 보이네요.' '사진을 보게 해주셔서 고맙습니다' 정도라고 추측되지 않을까마는 이 분들은 좀 달랐다. 그 사진에 바로 마음을 쏟아내기 시작한 거다.

'ㅇㅇ아, 잘 지내지? 엄마도 아들 사랑한다',

'ㅇㅇ아. 살이 많이 빠졌구나. 밥은 잘 먹고 있는거니'

'ㅇㅇ야. 너무 보고싶다. 우리도 잘 지내고 있단다'

이건 단순한 감상이 아닌 마음이 담긴 글이었다. 그냥 흘려보내서는 안 되는 귀한 메시지인 것이다. 그래서 처음엔 이 문구들을 모아 법문시간에 읽어주었다. 아마도 다들 내 법문보다 100배는 더 집중해서 경청했을 것이다. 그러던 것이 점점 글이 길어지고 나중에는 읽어주기 힘들만큼 많아져 결국 종이에 인쇄를 해서 전해주기 시작했다. 이게 훈련병 인터넷 편지의 시초다.

이처럼 열심히 앞만 보고 달려오다 보니 어느새 훈련병들의 편지를 누구보다 빨리 부모님께 전하고 또 그들의 목소리도 누구보다 먼저 아들들에게 전해 주는 '시스템'이 만들어졌다. 이제 보통의 훈련병이 입대한지 3주 차에 처음 편지를 쓰고 5주가 넘어서야 집에서 답장을 한번 받게 된다면, 우리 법당에 오는 친구들은 입대한 그 주에 바로 편지를 써보내면, 3-4일 후에는 프린트 된 종이이긴 하지만 부모님의 답장을 바로 받아 읽을 수가 있게 되었다.

사진 인화비의 부담이 없이 넉넉하게 또 자유롭게 찍은 훈련병들의 법회모습을 인터넷 카페를 통해 잔뜩 선보이게 된 것은 보너스였다.

이런 일도 있었다. 어느 훈련병은 입대 전 사귀던 여자친구가 있었다. 문제는 부모님과 가족들이 한 목소리로 두 사람의 교제를 반대했다고 한다. 그렇게 반대를 무릅쓰고 어렵게 만나던 여자친구를 혼자 두고 온 것이 너무도 안타깝던 어느 날. 이 여인은 훈련병이 보낸 편지를 들고 남자의 집을 찾았다. 아마도 처음엔 환영을 받지 못했을 게다.

"여기가 어디라고 왔느냐"는 핀잔과 꾸지람을 들던 여인은 남자친구에게서 온 편지를 보여주며 말했다. 아드님이 집에 계신 어른들께 자신의 사진을 좀 볼 수 있게 안내해 달라 부탁했다고 말이다. 안에 계시던 할아버지가 그 말을 듣고 뛰어 나오셨다. 내 손주 사진을 볼 수 있다고? 어른의 그 한마디로 다른 모든 말은 멈추고, 집안에 컴퓨터가 없던 탓에, 그리고 이 여인이 아니면 달리 인터넷이라는 것을 극복해 줄 젊은이가 없는 탓에 결국 그녀의 안내로 온 가족이 인근 PC방으로 가야했다.

상상해보라. 잘 차려입은 할아버지, 할머니, 그리고 어머니, 아버지가 PC방에 나란히 앉고, 젊은 여인은 떨리는 손으로 컴퓨터를 켜고 카페를 열어서 훈련병들의 사진과 법회 장면들을 하나 하나 보여주는 모습을.

컴퓨터를 통해 보이는 아들의 모습에 어른들은 모두 눈물을 흘리셨고, 여인이 아닌 어른들의 부탁으로 함께 PC방에 몇 번이나 더 가셨으며, 더 이상 아들과의 교제를 반대하지 않게 되셨다는 훈훈한 사연이다.

그렇게 매주 수 백 명씩 아들의 편지를 받고 사진을 보던 분들이 주섬주섬 간식도 챙겨 보내주시고, 또 찾아와 주기도 하면서 버려진 것 같던 산골짜기의 군법당이 편지는 물론 푸짐한 간식도 끊어지지 않는 신비한 법당으로 변해갔다.

신부님도 목사님도 도대체 무슨 비결이 있어서 다 쓰러져가는 가건물에 풍족하지도 않은 법당임에도 병사들이 몰려드는지 궁금해 했지만 말해줄 수는 없었다. 나름 우리 군종병들과 함께 오랫동안 연구한 작품이었으니까.

몇 년 지나지 않아 군법당 인터넷 카페가 하나 둘 생겨나고, 또 몇 년이 지나서는 모든 부대가 의무적으로 인터넷 카페를 열어 부모님들과 소통하도록 바

뛰었다. 군법당' 카페들은 열심히 우리의 노하우를 전해드린 결과이지만 부대에서도 카페를 열게 된 것은 그들도 소통과 메시지의 힘을 깨달았기 때문이라 생각한다.

손으로 쓰는 것과 컴퓨터로 인쇄하는 것의 차이, 또 전해지는 속도의 차이는 있겠지만 본질은 비슷하다.

바로 가족과 떨어져 있는 어린 마음에 비치는 부모, 형제, 그리고 나 자신에 대한 성찰과 함께 그 동안 느껴보지 못했던 소중함을 마음껏 서로 고백하는 것. 그 안에서 진실로 한 걸음씩 성장하고 철이 드는 것. 그것이 군인들이 쓰고 받는 편지가 가진 의미라고 생각한다.

가끔은 법을 전하러 가 있는 법사가 이런 일에 정성을 쏟는 것이 맞는 일인지 묻는 분도 있다. 그것도 일리는 있는 말이다. 그런데 부모님의 편지 앞에서 눈물을 흘리며 겸허하고 순수해지는, 또 힘을 내고 치유가 되는 그네들을 보며, 내 법문이 그 절절함을 넘어설 수 있을까 늘 반문하게 된다.

그저 나는, 한 스님이 열심히 그들의 편지를 부쳐주고 또 답장을 전해주는 속에서 내가, 또 이 종교가 당신들의 삶과 현실을 무엇보다 귀하게 여기고 있음을 전하고 싶었다. 법당이지만 때로는 부처님의 말씀도 잠시 뒤로 물릴 수 있을 만큼 소중하게 여기고 있음을 꼭 느끼게 하고 싶었다. 그러면 언제고 그들은 그 마음을 느끼고 고개를 들어서 바라보아 준다.

바로 그 때이다. 내 작은 법문이 그들의 행복을 위한 나의, 또 우리 부처님의 소중한 편지임을 진실로 받아주는 순간은.

부처님 군대 오신 날

16. 생生과 사死가 함께하는 군대

생^生과 사^死가 함께하는 군대

　　우리가 쉽게 군복이라고 부르는 군인들의 복장은 사실 종류가 좀 있다. 그 중에서도 친숙한 얼룩무늬 군복, 그 정식 이름은 '전투복'이다. 야전부대에 근무하는 군인들은 전쟁이 일어나면 바로 출동할 수 있도록 이 '전투복'을 늘 입고 지낸다. 부대에 들어와 전투복과 전투화를 처음 받을 때엔 여러 가지 신기한 것이 많지만 그 중에서도 잊히지 않는 말이 있다. '이 전투복이 바로 여러분들의 수의^{壽衣}가 된다'는 준엄한 말이다.

　　여러분들은 어떤 느낌이 드시는가. 평소에 들었으면 '그렇구나' 하고 지나칠 수도 있는 말이지만 두 손엔 총을 들고 칼바람 부는 연병장에 서서 처음 듣게 된다면 그렇게 엄숙할 수가 없다.

　　군대를 간다는 것은 가볍게 국민의 의무를 치르러 간다고 생각할 수도 있지만, 깊이 생각하면 내 목숨을 바쳐서 국가와 국민을 지키러 간다는 각오가 깔려있다. 전쟁 중이 아닌 시절에 근무하면서 늘 그 각오를 새기고 살기는 힘들지만 문득 그런 각오를 마주할 때가 있다. 그럴 때면 내가 삶과 죽음의 경계선에서 살고 있다는 깨달음이 퍼뜩 일어난다.

몇 년 전 미군들과 전시戰時를 대비한 군종장교들의 훈련에 참석한 적이 있다. 전투 중에 사망한 전우를 위해 전쟁터 한쪽에서 임시 장례의식을 모의로 치러보는 과정이 있었다. 이 교육 자체가 미군들의 프로그램을 배우는 것이기 때문에 미군의 장례의식을 처음으로 자세히, 그것도 그 안에 참여하여 경험할 수 있었다.

전쟁 중에는 대부분 시신을 제대로 찾을 수 없어서 보통은 독특한 상징, memorial statue(추모상)을 세워서 고인을 대신한다. 전투화를 놓고 소총을 세운 뒤 그 위에 철모를 얹고는 마지막으로 고인의 군번줄(인식표라고 한다. 대부분 전투현장에서는 사망한 전우의 군번줄만 가져온다)을 두른 모양이다. 실제로 그 모양을 처음 만들어 놓으니 솔직히 좀 생소하고 재미있기도 했다. 그런데 좀 전까지 그렇게 밝게 훈련하던 미군들이 갑자기 엄숙해지는 것이었다. 그냥 엄숙해지는 것이 아니라 모의 장례식을 하면서 다들 눈물까지 글썽이며 목소리를 떠는데 나중에는 나까지 마음이 흔들려서 하마터면 고인의 이름을 세 번 부르는 내 순서까지 잊을 뻔 했다.

아무튼 그렇게 묘한 교육이 끝나고 "왜 그렇게 슬퍼하느냐"고 물으니, 내 주변에 미군들은 다들 전투에 참여했을 때 동료를 잃어본 적이 있어서 그랬다고 했다. 이라크와 아프간, 그리고 수많은 전장에서 전사한 전우를 직접 묻었던 미군들. 그 날은 휴식 시간 내내 그들의 슬픈 이야기를 들으며 다시 한번 군 복무의 무거운 책임감을 절절히 느꼈다.

전투중이 아니더라도 군에서는, 아니 군부대가 아닌 곳도 마찬가지지만 가끔 목숨을 잃는 전우가 있다. 훈련 중에도, 작업 중에도 혹은 실수로라도 목숨을 잃을 수가 있는 것이 우리의 세상이다. 세상 어떤 죽음이 슬프지 않으랴마는 군인의 죽음은 사람들에게 더욱 충격과 슬픔으로 느껴지는 것도 같다.

한 번은 새로운 부대에 옮기고는 바로 다음 날 급한 연락을 받았다. 법당에서 짐을 풀고 있었는데 사망한 병사가 불교신자였으니 법사는 즉시 조문기도 준비를 하고 대기하라는 명령이었다. 입고 있던 승복에 겨우 간단한 짐을 챙기자 마자 법당마당에 짚차가 도착했고 나는 첫 예하부대 방문을 동해안의 빈소로 가야 했다.

출발하고 난 뒤에야 들어보니 전역을 일주일 앞둔 병사였다고 했다. 군 생활도 너무 잘하고, 밝고 건강한 병사, 게다가 아버지가 없는 집안을 이끌어갈 씩씩한 외아들이었던 친구였다. 마지막 휴가를 마치고 부대에 돌아오니 여름날 힘든 훈련 마치고 부대 전체가 바닷가로 휴식을 나와 있었고, 반가운 마음에 바로 물에 뛰어들어 함께 놀다가 너무 허망하게 떠나버린 것이다.

당황스럽고 가슴 아픈 것은 부대원들이나 지휘관도 당연하겠지만 군에서는 가장 먼저 가족들을 걱정하게 된다. 그래서 모두들 힘든 마음을 다스려가며 고인과 가족을 위해서 최선을 다해야 한다. 그래서 죽은 그 친구의 가족들이 절에 종종 다니신다는 것을 알고 급하게 부대 법사를 파견한 것이다.

빈소에 도착하니 상황이 녹록지 않았다. 이미 가족들이 와 계셨는데 묻지 않아도 그 표정에서 슬픔과 허탈함, 그리고 분노가 그대로 읽혀졌다. 현실이 너무 믿기지 않는 그 분들은 아예 부대의 간부들과 만나는 것도 거부하고 계셨다. 몇몇 병사들만이 잔뜩 위축된 채로 빈소 주변에서 일을 돕고 있고, 간부들은 건물 바깥 쪽에서 어찌할 바를 모르고 둘러 서 있을 수밖에 없었다. 일단 빈소로 들어가서 기도를 좀 올려도 좋겠는지 허락을 받은 후에 조문 기도를 시작했다. 군종병도 없고 신도도 없이 나 혼자였다.

잠시 후에 부대장님이 오셨다. 그 분은 들어서자 마자 유족들 앞에서 무릎을 꿇고 용서를 구했다. 하지만 유족들은 모두 등을 돌리고 나가시라고만 했다. 영화같은 그 장면 한쪽에서 나는 놀란 채로 우두커니 서 있었고 아무 말도 할 수가 없었다. 한 동안 그렇게 고개를 숙이고 있던 지휘관이 결국 뒤돌아서 나갔다. 그런 안타깝고 답답한 분위기였다. 부대장님은 그나마 빈소에 들어갈 수 있었던 나를 찾았다. 그리고 유족들의 마음이 진정되실 때까지 기도라도 좀 계속 해달라는 부탁을 남기고 떠나셨다. 아무 준비도 없이 갔던 나는 그렇게 사흘동안 계속 기도를 해야 하는 상황이 되어버렸다.

둘째 날이었다. 오전에 기도를 마치고 잠시 쉬러 나가는데 들어오던 병사가 나를 보고 습관적으로 경례를 했다. 그 모습을 본 유족들이 저 스님도 군인이냐고 묻고는 크게 놀라셨다. 대뜸 내게 와서는 "댁도 군인이라면서요?" 하고 원망하듯 쳐다보는 것이었다. '아 지금까지 군인이 아니라고 생각하고 쫓아내지 않았구나.' 난감한 나는 물었다. "그럼 기도를 그만 둘까요?" 그 슬픈 표정으로 아무 대답이 없다. 나도 아무것도 해결해 줄 게 없어서 더 답답한 상황이 아닌가. 답은 없다. 슬픈 현실은 어서 받아들여야 하고 그리고 스님은 계속 최선을 다해 기도할 뿐이다.

간간히 물이라도 챙겨주시던 가족들이 이젠 그마저도 없이 냉랭하다. 조문객도 별로 없고 쉴 곳도 별로 없다. 그나마 나는 부대에서 인근에 작은 숙소라도 마련해 주었지만 장병들은 서로 교대해가며 빈소 주변에서 밤을 지샜다. 쉬는 시간마다 주변에 있는 장병들과 대화를 했는데 결국 그네들도 아끼는 동료를 잃은 또 하나의 유족이었다. 단지 같은 부대원이었다는 이유로 가족들 앞에서 한없는 죄인처럼 느껴질 뿐인 것이다.

3일이란 시간은 길었다. 종일 힘이 나지 않는 기도를 하는 데에도 긴 시간이었지만 상처입은 마음들이 다소간 아무는 데에도 충분한 시간이었다. 3일 째 되던 아침에 드디어 빈소를 정리하고 조촐한 발인식을 했다. 갈아입을 옷 하나 없이 여름날 사흘을 지낸 법사도 초췌했지만 제대로 잠도 못자고 전전긍긍 마음만 졸이던 장병들은 말 할 것이 없었다. 유족들은 여전히 별다른 말은 하지 않았다. 그러나 마지막 가는 길에 장병들에게 인사를 했다. 내게는 특별히 '수고했다'는 말을 남기고는 천천히 떠나들 가셨다. 그것으로 충분했다.

출가자로 살면서 남들보다는 죽음의 의례를 많이 접하게 된다. 게다가 병영에서 생활하면서 죽음은 더더욱 가까운 일로 다가와 있다. 평소에도 늘 수의壽衣를 입고 산다는 것도 서로 같다. 그만큼 사는 일에 진중해질 수 밖에 없는 것이다. 아는 사람도 있지만 장병들의 사망률은 일반 사회의 그것보다 사실 크게 낮다. 위험한 훈련과 업무가 많기 때문에 오히려 수많은 안전 대책이 크게 발달한 곳이 군대이다.

요즈음 군에서 가장 관심 있는 부분은 '자살사고'인데 이 부분 또한 일반 사회의 3/1수준이지만 더욱 줄여나가려 계속 노력 중이다. 특별히 우리 같은 군종 성직자들은 오랫동안 이 부분을 주목하고 있다. 이처럼 많은 사람들이 힘쓰고 있으니 군대라는 곳이 막연히 사람을 죽음으로 몰고가는 곳처럼 오해할 이유는 없다. 오히려 늘 죽음을 기억하고 살아가기 때문에 삶의 가치가 더욱 잘 보이게 되고 더욱 진지하고 겸허하게 살아갈 줄 아는 법을 배우게 된다.

이런 면에서는 군대라는 곳이 스님들의 수행처와 참 닮아 있다는 생각도 든다. 진짜 수행은 목숨이 경각에 달린 그 순간에 드러나는 법이라고 하셨던 어른들의 말씀이 병영에서 더욱 진하게 다가온다. 숨 한번 들고 나는 순간에 있는 목숨, 그 귀한 무게를 군인들은 본능적으로 알게 되는 것이다.

부처님 군대 오신 날

17. 사관생도 이야기

사관생도 이야기
- 청년 불자들과의 마음 밀당

#1.

영천에 있는 육군 3사관학교는 일반 대학 졸업생들이 '편입학'이란 절차를 거쳐 3학년으로 들어온다. 그러니 2년 과정인 거다. 말이 3학년이지, 지난 겨우내 신병훈련 같은 기초훈련을 겨우 버텨내고, 이제 막 '생도' 흉내를 내는 새내기일 뿐이다. 이 친구들이 어느 봄날, 하늘도 화창하고 벚꽃 향기 그윽한 일요일에 매우 우울한 얼굴로 법당으로 모인다.

왜 우울한가? 바로 1년 선배인 4학년들이 올해 첫 '주말 외박'을 모두 나가버렸기 때문이다. 부러움과 서러움이 뒤엉킨 감정이 짐작은 간다. 병사들도 100일이면 휴가를 보내준다는데, 이 새내기들은 앞으로 반 년은 더 갇혀 살아야 하는 사실을 온몸으로 느끼고들 있는 것이다.

법당에 들어서며 다들 주섬주섬 휴대폰을 꺼낸다. 평소 종교행사 참석할 때엔 원칙상 휴대전화를 가져올 수 없지만, 이건 며칠 전 공문을 통해 '법회 준비물'로 통보된 사항이었다. 생도들이 자리에 앉자마자 가사장삼이 아닌 두루마기 차림으로 앞에 나선 법사가 말한다.

"오늘 법회의 주제는 '봄 사진 콘테스트'입니다. 앞에 화면(빔프로젝터)에 보이는 번호는 내 전화번호에요! 다들 저장들 하시고, 이제 밖으로 나가서 교정에 핀 꽃과 봄을 충분히 느끼고 멋진 사진을 한 장 이상씩 찍어서 내 카톡으로 제출하면 됩니다. 좋은 작품은 뽑아서 포상도 할 겁니다. 질문 있는 사람? 없으면 당장 나가!"

잠시 어리둥절하던 생도들이 왁자지껄 흩어졌다. 법당 앞에서는 영천의 불자들이 준비해준 김밥이 배부되었다. 그날의 법당은 사관학교 교정 전체였고, 법사 대신 따뜻한 햇살과 어여쁜 봄꽃들이 쉬지 않고 설법을 해주어서 우울했던 생도들을 하나하나 다 치유해주는, 그야말로 행복한 광경이었다. 그것으로 충분했다.

#2.

내가 오랫동안 사관학교에서 법회하고 싶었다고 이야기 했었던가? 정말 그랬다. 부대에서 늘 만나는 군 간부들을 보며 그 시작인, 싱싱한 청년시절을 함께하고 또 불법을 나눈다면 어떨지 많이 상상하고 또 원했었다. 그런 나의 바람을 배려해주신 덕에 드디어 영천 3사관학교에 가게 된 것이었다.

처음 생도들을 접하며 느낀 것은 그들이 너무 너무 바쁘다는 것이다. 어둑

어둑한 새벽에 일어나 구보(천천히 달리는 것)로 시작하여 수업 들으랴, 훈련하랴, 과제하고 시험 준비하랴 지내다 보면 12시 전에 잠들기도 힘들어 보였다.

특히 병사들보다 몇 배나 엄한 규율속에서 종일 시달리며 사는 까닭에 마음에 여유도 없고 늘 피곤한 표정들로 다가왔다. 입버릇처럼 붙어있는 '바쁘다'는 말들. 법회를 마치면 서둘러 사라지는 아이들에게, 따로 모임 한 번 하자 해도 손사래를 치는 그네들에게 법회가, 또 불교가 비집고 들어갈 틈이 있을지 처음엔 걱정도 많이 되었다.

어느 일요일, 법회를 마치고 서둘러 돌아가는 생도를 불렀다. "뭘 그리 서두르나. 차 한잔 하고 가시게" 그러자 그 친구는 지금 동료들하고 매주 '치킨 먹는 모임'을 가야 한단다. 세끼 밥을 다 먹고도 돌아서면 배고픈 나이란 건 알았지만 매주 닭과 피자를 먹는 정기모임이 있다고? 그래서 조심스럽게 실험을 하나 해보았다.

각 반별 불교 대표 생도들(반장이라고 보면 된다. 한 열 명 되는데 한 번도 다 모인 적 없고 늘 바쁘다고 부르지 말라던)에게 문자 메시지를 보냈는데, 내용인즉 '피자와 치킨이 보시가 들어왔는데 이거 먹으면서 대화나 할 친구들 있으면 모여 보게' 뭐 이런 거였다. 그리고 죽을 만큼 바쁘다던 토요일 저녁에, 한 명도 빠짐없이 모여 신나게 먹어대는 녀석들을 보면서 나는 큰 깨달음을 얻는다.

아무리 바쁘고 여유가 없다 해도 그들의 마음만 읽고, 또 얻을 수 있다면, 그럼 충분히 함께 행복한 법회를 만들 수 있을 거라고! '봄 사진 대법회'는 바로 그 깨달음의 산물이었다.

부처님 군대 오신 날

#3.

사관학교 법회를 하면서 그들에게 내건 약속은 한 가지였다. 매주 돌아오는 법회가 기대되고 설레게 하겠다는 것. 무모한 듯 했지만 그게 제일 중요했다. 한 주간 찌들어 사는 청년들이 일요일의 꿀맛 같은 휴식을 뒤로 하고 교회, 성당보다 훨씬 먼 법당까지 걸어오게 하는 것은 결국 그것 말고는 없었다.

정성스런 법회를 준비하는 것이나 작은 음악회 같은 이벤트를 적절하게 곁들이는 것은 모든 법사님들이 다 하는 일이다. 그런 평범함 사이에서 차이를 가져왔던 가장 큰 이유는 바로 끊임없이 불자 생도들과 소통을 했기 때문이라 본다. 매달 진행하는 법회평가서는 400장이 넘어서 하루에 다 읽지 못할 만큼이었고, 병사가 아닌 생도들이기에 가능한 '카톡 대화'는 일주일 내내 실시간으로 소통하며 의견을 모을 수 있었다.

학교에서 생도들에게 종이컵을 금지시키고 철제 컵만 사용하게 해서 볼멘소리가 나오고 있을 때쯤 이미 법당에서는 단체로 맞춘 머그컵을 나누어주고 있었고, 외부 단체에서 많이들 선물하던 볼펜도 우린 생도들의 주머니 사이즈를 직접 재서(쏙 들어가도록) 맞춤 주문을 해주기도 했다. 그 중 뿌듯했던 것은 해마다 문구류나 손톱깎이를 선물하던 불교단체에 지금 생도들에게 가장 필요한 레이저포인터(생도들이 매일 진행하는 발표수업 때 쓰이는데 가격이 비싸 부대별로 돌려쓰고 있다고 했다)를 부탁해서, 불자 생도들은 모두 최신 포인터를 가지고 수업을 듣게 한 일이었다.

결국 선물을 얼마나 주는가가 중요한 것이 아니라 얼마나 마음과 생활을 읽고 정곡을 짚어주는가의 문제였다.

생도들의 의견에 늘 초점을 맞추면서 어찌 보면 저절로 부대의 교수님들과는 자주 대립하게 되었다. 시험 직전의 법회에서는 가장 편안한 체육복을 입고 15분 명상만 시키고 돌려 보낸다던지 (시험 걱정 때문에 어차피 길게 해도 효과가 없었다. 다들 가장 부러워한 법회!!) 자꾸 학교 밖으로 데리고 나가는 행사를 만드는 것 등이 계속 지적을 받긴 했다. 특히 정복을 입고 법회 오는 것이 불편하다고 하여 체육복을 입혔던 일 때문에 한 달 여간 규정논쟁이 벌어지기도 했다. 그렇다고 좌충우돌 법사로 오해하심 곤란하다. 법회와 관련한 것들 말고는 부대의 여러 가지를 많이 해결해 주려 나름 노력도 했다. 또 그래야 우리 불자 간부들도 덜 곤란할 테니까.

아마도 내가 그들의 목소리와 삶에 귀 기울이고 있다고 그들이 느낄 때부터 였을 것이다. 그네들이 내 말에 마음을 열어 주고 있음을 나도 알게 된 것은.

비록 법회로 만나는 시간은 짧아도 모든 친구들과 늘 함께인 듯 살았다. 내 생각이긴 했지만, 나름 아슬아슬하게 처음의 약속을 지키고 있는 것처럼 보였다.

#4

그렇게 오랫동안 고민하고 준비했던 사관학교를 채 일 년도 못 채우고 다른 부대로 불려가야 했다. 그 안타까움 때문에, '정책부대'에는 미리 와서 일을 배워야 한다는 말에도 하루라도 늦게 가려고 버텼다. 그리고 나중에 그 부대에 가서는 전입신고 한 다음날 바로 휴가를 내서 돌아왔다. 생도들과 약속한 마지막 여행이 남아 있었기 때문이다.

부처님 군대 오신 날

여행은 경주로 떠난 2일 간의 짧은 일정이었다. 짧다고 할지도 모르지만 이마저도 몇 년간 다들 가보지 못했던 불자수련회였다. 다들 실현되기 어렵다고 만류한, 그래서 다른 종교도 오랫동안 가지 못했던 행사이기도 했다. 프로그램들도 좋았지만 나는 그 친구들의 여유와 휴식이 더 좋았다. 조금만 숨통을 틔워주면 금세 생기발랄한 청소년으로 돌아오는 녀석들. 인솔을 도와주러 온 간부들이 물었다. 자기들도 몇 년 전엔 생도였지만 이 녀석들은 봐도봐도 이쁘지가 않고 힘들다고. 그러면서 "법사님은 이 녀석들 어디가 좋으냐"고 묻는다. 물음 끝에 한참을 생각했다. 아무리 생각해보아도 이 녀석들의 미운 구석을 찾을 수가 없는 것을 보니, '한 해동안 참 열렬히 사랑했었는가보다'라고.

그때 깔깔대며 망아지처럼 뛰어다니던 녀석들이 벌써 각 부대에서 주요한 업무를 하는 장교들로 자리잡았다고 한다. 가끔 생도 때의 시절이, 그때의 우리가 그립다고도 전해온다. 그 친구들의 기억 속에 치열했던 법회는 어떤 빛깔로 남아있을까.

부처님의 장구한 말씀들이 많이 남아있지는 않을 거란 정도는 나도 안다. 대신 그 기억 속 법회가 웃음소리와 봄 꽃 향기가 좀 배어있다면 좋겠다. 혹여 따뜻한 온기가 느껴지고, 힘들 때 기대고 싶은 도량으로 남아있다면 더더욱 바랄 것이 없겠다.

부처님 군대 오신 날

18. 이웃 종교의 군종병들

이웃 종교의 군종병들

#1.

법사는 아무래도 불교 군종병들을 많이 접하지만 한 울타리 안에 있는 이웃 종교의 군종병들도 자주 만난다. 특히 작은 부대일수록 타종교 친구들과 더 친밀하게 지냈던 것 같다.

처음 부임한 연대에서는 군종장교가 딱 나 혼자였다. 본래 40년 넘게 목사님만 있던 자리였는데, 나는 처음으로 부임한 법사였다. 전임 목사님도 아주 점잖은 분이셨지만 오랫동안 목사님만 있던 부대의 단점은 불교나 천주교가 잔뜩 위축되어 있다는 점이다. 내가 부대에 가자마자 한 일은 각 대대, 중대별로 군종병들을 파악하는 일이었다. 부대에 군종병 명단이 있냐고 묻자 기독교(개신교) 군종병들로 가득찬 명단만 나왔다. 한심한 상황이었다. 할 수 없이 부대별로 뒤지고 다니며 불교인 친구들과 천주교인 친구들을 찾았다. 불자였던 친구들에게 군종병 활동을 하겠냐고 물으니 정말 좋아보였는데 기독교만 하는 일인줄 알았다고 했다. 천주교는 더 당황스러웠다. 철책선 부근에서 아주 신앙심 깊은 천주교 병사를 찾았는데 소대장이 대뜸 기독교 군종으로 임명했다는 것이다. 왜 그랬냐고 물으니 천주교나 기독교나 비슷해서 그랬다는 소대장님의 놀라운 대답!

그렇다고 종교간에 갈등이 생겼을 것 같지만, 어려운 부대에서 근무하는 병사들이라 군종병들끼리는 금방 친해지고 서로 잘 지냈다. 특히 활동경험이 많은 기독교 군종병들이 새로 가세한 불교, 천주교 친구들을 많이 이끌어주었다.

그렇게 발굴한 군종병들은 다들 참 열심히 활동을 했다. 특히 철책을 담당하는 부대에서 활동하는 군종병들은 기다렸다는 듯이 열정을 뿜으며 많은 이들에게 기쁨을 주었다. 군종병들은 주말에 종교행사를 하는 것 말고도 평일 야간 위문이 많았는데 가만히 보니 기독교 군종병들이 훨씬 활발했던 이유가 있었다. 주변 교회나 선교단체에서 끊임없이 위문품들을 지원해주니 활동이 많을 수밖에 없었다. 그럼 불교는 내가 열심히 뛰면 될 일이고, 천주교도 믿는 구석이 있었다. 나는 상급부대의 성당에다 그 녀석들을 매주 파견 보냈는데 명목은 신부님을 도와드리라는 것이지만 실상은 1주일 치 위문품을 챙겨오라는 압력이었다. 임관 동기였던 신부님은 힘들어 죽겠다고 하시면서도 늘 두둑하게 지원을 해주셨다.

그 해 크리스마스를 맞아 기독교에서는 큰 선교단체에서 선물이 많이 도착했다. 그러면 교회 군종병들은 밤낮으로 철책을 돌면서 그걸 나누어줄 계획이라는 것이다. 나는 그 계획서를 한 장 복사해서 천주교 군종병한테 들러서는 다시 성당으로 보냈다. 그리고는 성탄선물 보따리를 확보하지 않으면 절대 부대에 오지 말라는 엄포도 놓았다. 신부님도 매우 당황했겠지만 당신이 쓰려고 기증받은 핸드크림 수백 개를 모두 우리 부대에 넘겨주셨다. 참 멋진 분이었다. 그래서 1주일 내내 기, 천, 불 군종병들이 전방을 돌면서 즐거운 성탄 선물을 뿌려댔다. 성탄 선물을 불교 군종병이 준다고 마다할 사람은 당연히 없다. 생각에 우리 부대의 성탄은 다른 부대보다 세 배나 즐거웠지 않았을까.

기독교 군종병들과도 아주 잘 지냈다. 특히 부대에 가자마자 전임목사님이 짓던 최전방 지역 교회건축을 함께 마무리하기도 했고, 다른 작은 교회들도 차례차례 리모델링도 했다. 법사가 교회를 고치겠다고 나서는데 안 도와주는 부대는 없었다. 그래서 오히려 목사님보다 더 많은 것을 얻어낼 수 있었다.

이 다양한 종교별 친구들과 나는 매우 소음이 큰 내 중고차를 타고 다니곤 했는데, 지금도 그렇지만 당시에도 나의 운전 실력은 그리 안정적인 수준은 아니었다. 그래서 출발할 때마다 법사가 '기도 시작'이라는 명령을 하면 불교 군종병은 반야심경을, 기독교, 천주교 군종병은 주기도문을 크게 외우곤 했다. 나는 그 당시 무사고 운전의 비결이 그것이었다고 지금도 믿고 있다.

다른 종교의 군종병들과 그렇게 긴밀하게 지낸 것은 그 때가 마지막이다. 이후에는 목사님이나 신부님이 늘 함께 있는 큰 부대에 가기 때문에 다른 종교의 군종병들을 자주 만나지는 못했다. 하지만 개중에서도 인상적인 친구들은 있는 법이다.

#2.
성당에서 근무하는 천주교 군종병들은 신학생이 많다. 즉 나중에 신부님이 될 친구들이다. 군종병이 되면 모시고 있는 신부님의 평가가 신학생 점수에 반영이 되기 때문에 싫어도 열심히 해야 하는 측면도 있다. 물론 대부분 즐겁게 군생활을 하겠지만.

내가 아는 어떤 천주교 군종병은 군생활이 아주 힘들었다고 한다. 함께 있는 신부님도 어려운 분이었고, 부대에서 만나는 간부들도 부담이 되었다. 어쩌면 군대 문화와 잘 안맞는 친구였을 수도 있다.

특히 부대의 시어머니 역할을 하는 본부대 행정보급관도 함께 지내기가 꽤 거북했다고 한다. 아무튼 거꾸로 매달아도 돌아가는 시간이 끝나고 전역을 했고, 무사히 신부 서품을 받았다. 이 젊은 신부님, 미래에 대한 의욕이 넘치는 분이었다. 공부도 하고 싶고, 다양한 활동도 구상하며 꿈에 부풀어있는 중에 주교님이 내리신 '명령'은 다시 군대에 가서 '군종신부'가 되라는 것. 군대가 정말 싫다고, 군 생활이 아주 힘들었다고 아무리 사정을 해도 다른 지원자도 없어서 어쩔 수 없이 군에 가야만 했다. (이런 슬픈(?) 일은 불교나 개신교에서는 거의 일어나지 않는다) 그때 경험한 부대나 간부가 특별히 안 맞았을 수도 있으니, 다른 부대에 가서 새로운 사람을 만나면 괜찮을 것이라는 위로의 말이 들려왔다.

착한 우리 신부님. 그 말을 듣고는 금새 설득이 되어서 그렇게 싫어하던 군대에 다시 입대를 했다. 그리고 어떻게 되었느냐고? 정말 말도 안되는 확률로 이 신부님은 자신이 군종병으로 있던 그 부대 성당에 취임했으며, 그 당시 자주 놀러와서 귀찮게(?) 했던 예하부대 법사님이 소령이 되어 상급자로 있었고, 거기에다 예전에 그렇게 부담스러웠던 행정보급관님이 부대 전체 주임원사가 되어서 격하게 환영을 해주었다고 한다. 그 소식을 전해듣고 나도 걱정을 꽤 했었는데, 다음에 찾아가 보니 생각보다는 적응을 잘 하고 계셔서 다행이었다. 수행의 도력이 깊은 분이라는 생각이 들었다.

#3.

예전에는 부대에 적응하기 어려운 병사들을 주기적으로 모아서 위로하고 치유하는 프로그램인 '비전캠프'라는 것이 있었다. 내가 원주에 살던 시절에는 한 달에 한 번 진행되는데 선임이었던 목사님이 보통 주도하셨다. 늘 자비와 사랑을 실천하는 우리들이지만 각 부대에서 말 안듣는 녀석들만 모아놓는 이 집단이 결코 만만하지 않다. 그런데도 목사님은 나흘이나 되는 일정을 언제나 가뿐하게 치러내는 것이었다. 군법사 된지 얼마 안된 나는 그런 목사님이 참 대단해 보였다.

"무슨 비결이라도 있으신가요?"

"네. 우리 비전캠프의 비결은 바로 저 군종병이죠! 암요."

목사님이 지목한 기독교 군종병을 보며 난 의문이 들었다. 이 아이가 어떤 친구였냐 하면 몸도 적당히 뚱뚱하고 항상 느릿느릿 걸어 다니며 무슨 말을 해도 한 번에 잘 못 알아듣는 아이었다. 신앙심이 얼마나 대단한지는 모르겠지만 교회에서 해야 하는 각종 업무들을 보면 더없이 안타까운 친구로 정평이 나있었다. 듣기로는 이 친구도 부대 적응이 안 되어서 어쩔 수 없이 데려왔다고 하던데, 왜 저 군종병이 숨은 비결이라고 하시는 걸까.

이 군종병의 역할은 인솔이다. 프로그램 중에 목사님이나 내가 열심히 교육을 하고 나면 밥을 먹으러 가거나 취침을 하러 갈 때 인원파악을 하고 데리고 다니는 역할이다. 보통 스무 명 내외의 '부적응' 병사들인데 간부 말도 잘 듣지 않는 병사들이 어수룩한 군종병 말을 잘 들을 리 없다. 자세히 보니 그 녀석 중에는 뚱뚱한 군종병을 놀리거나 걸음걸이를 흉내 내기도 하면서 꽤 인솔자를 힘들게 하고 있었다.

목사님은 말한다. "늘 처음엔 저럽니다. 내일이면 달라질걸요!"

내일이라고 한 둘째 날은 신나게 운동을 하는 날이었다. 한참 땀을 흘린 후에 모든 병사들을 군종병과 함께 부대 목욕탕을 보냈는데, 이 부적응 병사들이 목사님 말처럼 완전히 다른 분위기가 되어 돌아온 것이다! 목격자의 말에 따르면 목욕탕에서 본 교회 군종병의 등에는 9마리의 용龍문신이 산다고 했다. 좀 전까지 열심히 놀려대다가 이젠 놀라고 있는 친구들을 보면서 '이제 새 사람이 되려고 하는 중이다'라며 살짝 웃어주면, 그럼 순식간에 평화가 찾아온다는 것.

그 이후에는 목사님이 목소리를 높이지 않아도, 우리 어수룩한 군종병의 지시에 따라서 얼마나 열심인지 모른다. 말 그대로 숨은 비결(!)인 친구였다.

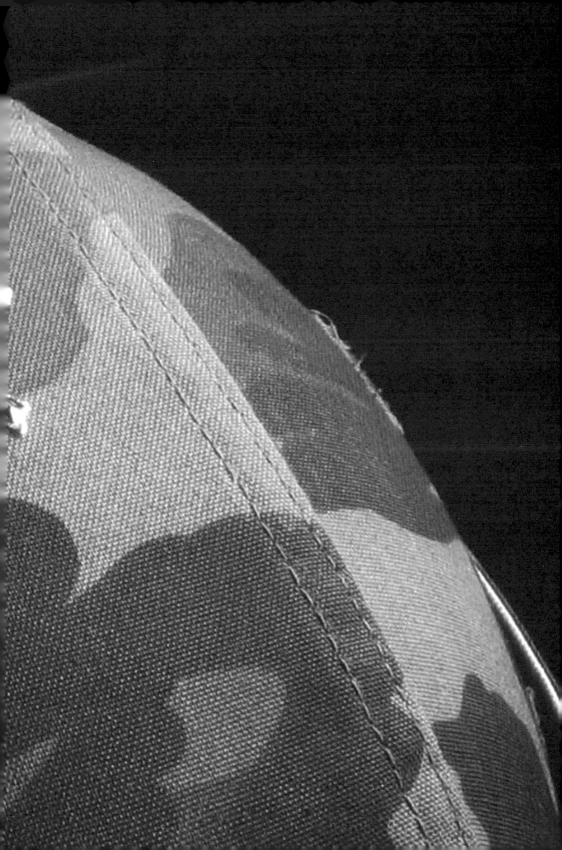

부처님 군대 오신 날

19. 아! 佛事

아! 佛事

　군법사 생활을 하면서 치르는 가장 힘들고 큰 일은 뭘까. 여러 가지가 있겠지만 나는 불사佛事, 즉 절 짓는 일이라고 생각한다. 사찰을 세우는 일은 당연히 거대한 일이다. 그래서 흔하지 않고 만만하지 않다. 문제는 군법당을 새로 짓는 일은 꽤 자주 있다는 것이다.

　대한민국 군부대에 400개가 좀 넘는 군법당이 있다. 이 많은 법당들이 1968년 최초로 스님들이 군대에 파송된 이후 딱 50년 동안 세운 사찰의 숫자다. 산술적으로 어림잡아도 해마다 8개씩 지어야 하는 숫자다. 그뿐만 아니다. 군부대 법당은 500년 1,000년을 내다보고 짓는 건물이 아니어서 20~30년이 지나면 리모델링을 하거나 새로 짓는다. 또 부대가 새로 만들어지거나 이동을 하게 되어도 당연히 짓는 것이니 사실상 매년 10개도 넘게 지어 왔다는 것이다. 그러니 육해공군 전후방 각지에서 일년내내 불사가 끊이지 않는다. 직접 불사를 이끌어가는 법사님도 쉽지 않지만, 그 주변에서 모른 척 하고 있을 수는 없는

204

법. 따지고 보면 군법사 생활을 시작하는 순간부터 내가 직접 불사를 하든지, 아니면 인근 법당 불사를 위해 여기저기 모연(건립을 위한 돈을 모으는 일)을 하고 있든지 둘 중 하나다. 여기에 도량정비 불사, 탑불사, 종불사, 개금불사 등등 더 작은 불사는 말할 필요도 없다. 이러니 법사님들이 불사의 스트레스만 없어도 군포교가 열 배 행복하겠다는 말이 나오는 거다.

이즈음에서 부끄러운 고백을 하자면, 나는 17년 군 생활동안 직접 불사를 한 적이 없다. 운이 좋았을 수도 있지만 무수히 고생하는 선후배 법사님들을 떠올리면 미안한 일이기도 하다. 대신 묘한 기록을 가지고 있는데, 교회를 하나 세워본 경험이 있고, 또 다섯 곳의 법당을 없애 본 경험도 있다. 여기까지만 읽고 책을 덮으시면 절대 안 된다. 나름의 이유를 들어보셔야 한다.

교회를 짓게 된 연유는 이렇다. 내 첫 부임지는 강원도 화천의 연대였는데 이 정도 규모의 부대에는 군종장교가 딱 한 명이다. (그보다 큰 사단급 부대에는 목사, 신부 등 3명이 같이 근무한다) 그때까지만 해도 연대 급엔 거의 목사님들만 부임했다. 그 숫자가 워낙 많았기 때문이다. 암튼 부대 창설 40여 년 만에 처음 부임한 (예정에 없던)법사를 보고 전임 목사님이 꽤 당황스러웠을 것이다.

내가 받은 첫 번째 임무는 전임자가 진행하던 최전방 부대의 교회신축 마무리였다. 즉 후임자로 법사가 올 줄은 꿈에도 모르셨던 거다. 그래도 군인은 모름지기 명령에 충실해야 하는 법. 교회건축을 후원해주는 서울의 큰 교회와 연락하여 일을 진행했는데, 업무차 찾아오는 실무장교가 스님이라는 사실 때문에, 예상보다 더 많은 부분을 지원 받을 수 있었다.

자, 스님이 교회 지은 일은 그렇다고 치고, 나는 왜 다섯 개나 되는 사찰을 폐사廢寺시켜야 했을까.

내 생각에 군부대에는 꼭 필요한 법당도 많지만 그렇지 않은 법당도 있다. 예를 들면 이런 경우다. 전방의 어떤 곳은 가까이 몰려있는 서너 개의 부대에 각각 조그만 법당들이 따로 있다. 직선거리로 500m도 되지 않는 곳인데도 부대마다 법당을 만들어놓고 정작 법회에는 10명~30명씩 나누어서 참석한다. 이럴 경우 법사는 한 시간 단위로 뛰어다니며 법회를 따로 따로 해주어야 한다. 그러다 보면 법사는 정신없이 바쁘고 법회는 법회대로 질이 떨어질 수밖에 없다. 이것이 바로 절 짓는 일은 다 좋다는 근거 없는 믿음으로 부대마다 어설픈 법당을 계속 만들기만 한 결과다. 그럴 때엔 중간 지점에 규모있고 여법한 법당을 만들어서 인근의 병사들이 다 모이도록 하면 된다. 병사들이 500m 더 걸어오는 수고만 감수하면 30분씩 엉터리로 진행되던 법회도 차분하고 깊이 있게 봉행할 수 있게 되니까.

그런 의미에서 화천과 철원, 인제와 원통의 법당들을 가능한 선에서 정리하려고 분주하게 뛰어다녔다.

그 이후에는 인근 법사님들과 함께 군법당을 지으려고 할때 좀더 신중히 계획을 하고 진행하도록 여러 가지 검토를 하고 있다. 특히 아무리 신심 깊은 불자라도 스님들 허락없이 절을 짓지 않도록 홍보하고 있는데, 요즘은 많이 줄었지만 아직도 가끔 법사님들도 모르는 작은 법당들이 난데없이 나타기도 한다.

이런 경우도 있었다. 강원도 원주 군병원에서 연락을 받았는데 아무 법사님이라도 와서 법당 좀 정리해 달라는 요청이었다. 달려가 보니 이미 부대는 오래전에 이전을 했는데 황량한 터에 쓰지 않는 법당만 남아서 부대원들의 애를 태우고 있었다. 말인 즉 법당에 부처님도 계시고 여러 경전도 있는데 이걸 함부로 버리거나 부술 수 없어서 발만 동동 구르는 중이었다. 또 들어보니 벌써 오랫동안 여러 법사님, 혹은 스님들께 연락을 했는데도 다들 꺼려하시더라는 것이다.

당연히 스님 입장에서도 절을 없애는 일은 유쾌한 일은 아닐 것이다. 그러나 스님이 아닌 일반인에겐 더더욱 어렵고 생각하기에 따라선 겁나는 일이 아니겠는가. 안내를 따라 법당에 들어가 마지막 삼배를 올리고 불상을 모셔다 내 차로 옮겼다. 그리고 경전과 불구만 챙겨 나온 후에 나머지는 처분해도 된다고 말해주었다. 그러자 아침부터 법당 옆에서 대기 중이던 포크레인이 순식간에 법당을 무너뜨렸다. 부대에서는 묵은 체증이 내려가는 순간 같았을 것이다.

경남 창원에 근무하던 시절의 일이다. 그곳의 부대는 이미 몇 년 전에 시내에 있는 부대의 땅을 창원시에 환원하고 함안이라는 외진 곳으로 이전이 결정되어 있었다. 당연히 법당도 새로운 터에 새롭게 지어지도록 계획이 다 되어 있다고 했다. 내가 법사로서 궁금한 것은 새 부대에 법당이 어떻게 세워지는가였다. 그런데, 어렵게 찾아본 새 법당의 설계도를 보고 깜짝놀랐다. 500명이 넘게 들어가야 할 웅장한 법당이 40평의 초라한 모습으로 설계되어 있었고, 무엇보다 부대의 담장 안에 깊숙이 자리잡고 있는 실정이었다.

여기서 설명이 필요하다. 옛날엔 군법당을 짓는데 급급해서 위치가 부대 안이든 밖이든 가리지 못했다. 그래서 부대 안에 지은 절이 많은데 장병들을 위한 시설이지만 부대 밖에 사는 일반 불자도 참석하기가 까다롭지 않았다. 그러나 시간이 지나면서 부대의 보안은 (당연히 그래야하지만) 점점 강화되고 일반인들이 부대 안에 가기가 갈수록 어려워졌다. 게다가 병사가 아닌 간부들과 그 가족들은 부대 밖에서 살고 있는데 쉬는 날에 부대 안으로 다시 들어가 법회 참석을 하는 일도 점점 꺼려졌다.

이런 이유로 법사들은 예전에 부대 안에 지었던 건 어쩔 수 없지만 새로 절을 지을 때에는 가급적 부대 밖에 지으려 한다. 그래야 군 간부는 물론 인근의 일반 불자들도 참석하기 편하기 때문이다. 부대 안에 사는 병사들도 오히려 법당이 밖에 있을 때 참석률이 높다.

사정이 이런데도 법사들의 관리가 소홀한 틈을 타서 설계팀이 법당의 위치를 담장 안에 떡하니 옮겨놓았다. 절 크기도 불자들이 다 들어가지도 못할 만큼 작은 건물로 만들어서 도저히 그냥 넘어갈 수가 없었다. 당연히 나는 법당 설계를 새로 해야 하며, 위치도 예전 계획대로 부대 밖으로 옮겨달라고 요청했지만 부대에선 완강히 반대했다. 이미 설계가 90% 이상 끝나서 고칠 수 없다는 것이었다. 아마 내가 군에 간지 몇 년 안된 순진한 법사였다면 그 말씀을 깊이 믿었겠지. 그런데 안타깝게도 난 10년이 넘게 이 생활을 한 법사였다. 그 날 이후로 거의 매일 그들은 법사의 회유와 협박에 시달리기 시작했다.

설계를 변경하는 문제는 생각보다 쉬웠다. 절의 규모와 형태가 군 규정에 명시되어 있는데 규정을 찾아와서 윽박지르는 법사 때문에 대웅전과 요사채 설계도는 아예 통째로 새로 그릴 수밖에 없었다.

문제는 법당의 위치인데, 몇 달이 지나도록 논쟁만 이어질 뿐 해결이 나지 않았다. 부대 안이냐 밖이냐 하는 문제는 법으로 싸울 수도 없고 난감했다. 하지만 한번 지으면 수십 년을 이어갈 사찰인데 위치를 포기할 수는 없었다. 그러던 어느 날, 지겹게 졸라대는 법사에게 짜증이 난 설계팀장님이 한마디를 던졌다.

"법사님! 법당이 부대 안에 있어야 병사들이 평소에도 찾아갈 것 아닙니까. 병사들을 이렇게 생각하지 않는 법사는 처음 봅니다!"

"그래요? 좋습니다. 그럼 평일에 법당에 오는 병사가 한 명이라도 있다면 내가 포기하겠습니다. 내기하시죠."

당시 우리 법당은 정말 부대 한 가운데 있었고 하루종일 장병들이 많이 지나다녔으니 그렇게 생각할 수도 있겠다. 그러나 평일에 병사들은 생각보다 바쁘다. 간부들처럼 짬 내서 기도하러 오는 여유가 나기는 참 힘들다. 그리고 여유시간이 나도 쉬기 바쁘지 절에 올 만큼 정성이 깊지는 않다. 그런 병사들의 생활을 모르는 팀장에게 '병사들을 생각지 않는 법사'라는 평가까지 받았으니 오기가 나도 제대로 났다.

설계 팀장님은 우리가 내기한 보름 동안 하사 한 명을 법당에 파견했다. 일요일 오전, 법회 시간을 제외하고 한 명의 병사라도 법당에 들어온다면, 설계 팀이 승리하는 내기였다. 자신은 있었지만 세상일은 모르는 법. 법사로서 법당에 병사들이 들어오지 않기를 그렇게 간절히 원한 적은 없었다. 법당이 부대 밖에 지어지는 일이 얼마나 중요한지 알고 있는 불자들까지 그 내기를 주목했고, 시간은 참 더디게 흘렀다. 그 결과는 어떠했을까.

경상남도 함안에는 지금, 예전보다 배 이상 넓게 들어선 최신시설의 부대와 그 부대만큼 웅장한 크기의 새 군법당이 부대 담장 바로 밖에서 불자들을 맞이하고 있다고 한다.

아
!
佛
事

부처님 군대 오신 날

20. 최전방 이야기

최전방 이야기

#0.

최전방 수호병! 이라는 새로운 명칭이 인기가 있다고 한다. 예전엔 GOP 와 GP라고 불렸던 최전방 오지. 그곳에 지원한 청년들의 경쟁률이 7대1이 넘었 다는 기사도 있다. 이게 웬일인가 찾아보니 최전방에 가는 병사들에게는 보상 휴가라는 이름으로 휴가가 더해지고 명예휘장 수여에 특수 수당까지 지급한단 다. 이건 박수칠 만한 일이다. 그 높은 경쟁을 뚫고 선발된 최정예 장병들이 멋 지게 최전방 근무를 마치고 나서 여기저기 자랑도 하고 다닌다니 더욱 멋진 일 이다. 안 가본 사람도 막연하게 외롭고 고되다는 것을 짐작할 만한 곳이 아닌 가. 물론 경험을 해본다면 훨씬 절절하게 느끼게 되는 것은 당연지사다.

나는 첫 군생활을 최전방 부대에서 시작했다. 그 곳에서의 임무 중 절반은 길고 긴 철책선에 걸쳐있었다. 매주 철책 근무자들의 위문을 몇 번이나 갔는지. 몇 명이나 만났는지가 가장 중요한 업무가 되는 곳. 그래서 함께 근무하는 목사님, 신부님과 함께 습관처럼 그곳으로 향했었다.

#1.

누구나 열심히 훈련과 교육을 받은 직후엔 꽤 늠름하고 번듯한 국군장병이 된다. 심지어는 스님도 그렇다. 나도 내가 그렇게 되리라고 생각 못했는데, 어쩌다 보니 제법 군인 티가 나는 짓도 더러 한다.

사건은 야간 위문 때였다. 나는 보통 저녁 나절에 중대장을 찾아가 몸이 안 좋거나 문제가 있어서 경계근무에 투입하기 어려운 인원 한 명만 지원해 달라 부탁한다. 철책은 원래 혼자서 다녀서는 안 되는 곳이기도 하고 군종장교는 개인 무기도 없어서 동행이 필요하다. 몇 시간씩 걸어 다니며 그 병사와 긴 상담을 하는 것은 덤이다.

그 날 따라 준비해 간 간식이 일찍 떨어져서 돌아가는 길에 병사와 대화나 많이 하자는 참이었다. 한참 병사의 가정사 이야기를 들으며 걷다가 멈칫했다. 분명 철책선 건너편에 무언가 움직였기 때문이다. 왠 짐승이 지나가나 싶더니 갑자기 멈춰 웅크리고는 움직이질 않는다. 잠시 바라보다가 작은 돌을 던져보았는데도 그대로다.

불현듯 혹시 저거 사람인가 생각이 들었다. 동행한 병사에게 작은 목소리로 지시한다. "지금 총기 안전고리 풀고 엎드려 자세로 전방 목표물 조준해라!" 동물이라면 벌써 사라졌을 것이고 사람일 수도 있다는 생각에 이르자 두 사람은 자못 비장해진다. "손들어 움직이면 쏜다! ○○○!(이건 그날의 암구호임)" 당연히 대답도 움직임도 없다. 그렇게 30분이 넘어가자 근무교대하는 병사들이 왔다. 얼른 가서 소대장님께 보고하고 이쪽으로 오라고 해라. 소대장도 달려왔고 상급 부대로 보고도 올라가고 일이 점점 커졌다.

도대체 저 검은 덩어리는 무엇이란 말인가. 그렇게 몇 시간이 지나고 결국 동이 텄다. 정신 멀쩡한 청년 둘이서 분명 동물같지 않은 물체라며 밤새 지켜보던 그 덩어리는 새벽 빛에 거짓말처럼 사라져버렸다. 마치 귀신에 홀린 것처럼 말이다. 대신 그 자리에는 갓 임관한 어설픈 법사의 민망함만 잔뜩 남았다.

부대로 돌아와서는, 우리 법사님이 훈련받은 지 얼마 안되어서 정석대로 대처하는 바람에 그런 거라고 위로하는 지휘관의 말에도 오랫동안 위로가 되진 않았다.

#2.

한번은 마음먹고 GP소초를 가는 날이었다. 그곳은 매일 오후 한번 부식과 물품이 드나들 때에만 문이 열려서, 평소에는 문이 열리는 30분만 위문하고 돌아오곤 했다. 그런데 이번엔 오후에 GP에 들어가 아예 하루를 동숙하고 다음 날 오후에 나오는 계획이었다. 처음 들어가는 것이라 긴장도 되었고 걱정도 좀 있었다. 어찌 되었든 과자 두 상자와 라면 두 상자, 그리고 특별히 주문받은 돼지고기 몇 근을 챙겨서 용감하게 들어갔다.

전에 위문할 때처럼 소초장은 반가이 나를 맞아주었고 환한 얼굴로 나를 환영해주는 병사들이 내 선물을 받아들고 인사했다. 이런저런 안부가 오가고 나니 하나둘씩 자기 일을 하러 사라진다. 보통이라면 나도 한 바퀴 둘러본 뒤에 소초를 떠나야 하는데, 오늘은 아니다. 이제 이 서먹한 분위기 속에서 하루

를 꼬박 지내야 하는 것이다.

부대위문을 하다 보면 그네들을 언제쯤 찾아가는 게 좋을지 감을 잡는 것이 제일 어렵다. 대부분 높은 분들이나 외부 손님들이 방문할 때에 집합해서 박수도 쳐 주고 좋은 말씀도 들을 준비가 되어있는 모습을 상상한다. 그러나 그것은 당연히 연출된 모습이고, 평소의 부대는 제법 바쁘게 흘러간다. 그러니 사람들을 집합시키고 안내를 받는 위문은 가급적 피하는 게 옳다. 그래서 따로 집합시키지 않고 자연스레 방문하고 대화한 뒤 부드럽게 사라지는 사람이 가장 베테랑인 법이다.

나도 생각은 그러했지만 정작 바쁘게 흩어지는 병사들 속에서 점점 위축되어갔다. '이걸 어쩌나.' 그나마 준비해 간 고기와 라면으로 푸짐한 저녁식사를 같이 하고 나니 조금은 긴장이 풀렸다. 그러던 중에 한 병사가 휴대폰으로 전화 한 통화 할 수 있겠냐고 부탁을 한다. '너희들 여기 전화 통화 된다고 하지 않았냐?' 되긴 하는데 당연히 유선전화다. 전화선이 부대 통신소를 거쳐서 대화하는 것이기 때문에 '부모님'과의 통화에는 문제가 없지만 '여자친구'와의 대화에는 심각한 보안문제(!)가 있다는 토로였다. 물론 그곳에서 휴대폰으로 통화하게 해주는 것은 규칙 위반이다. 그러나 여자친구와 통화를 간절히 원하는 그 눈빛을 외면할 힘이 내겐 없었다.

일단 전화기를 켜 보았다. (보통은 전파가 없어서 전화기를 끄고 들어간다) 역시나 안테나가 전혀 뜨지 않았다. "이거 어쩌지? 전파가 전혀 잡히질 않네. 통화하긴 어렵겠다." "아닙니다. 법사님. 제가 한번 전파를 찾아보겠습니다!" 이 병사는 내 전화기를 받아들고는 남쪽으로 탁 트인 뒷마당 철책선 쪽으로 달려갔다. 물론 그곳에서도 전파가 잡히지 않았으나 이 친구는 포기를 몰랐다.

그 좁은 뒷마당을 이리저리 오르내리던 병사가 한참 후에야 전파를 찾았는데, 그 위치가 묘했다. 일단 마당 끝 바위에 까치발로 올라서서 한 손으로는 철책 윗부분을 꼭 잡으면, 반대쪽 손에 들고있는 전화기에 안테나가 딱 한 칸이 생기는 기적같은 자리였다. 아! 집념의 사나이여. 날이 꽤 추운 겨울밤이었는데도 맨손으로 철망을 부여잡고 꿈에도 그리던 통화를 했다. 그리고 이 작은 기적의 전화기는 어느새 모여든 여친있는 동료들에게 차례차례 이어졌다. 전혀 생각지도 못했던 이벤트로 인해서 서먹했던 분위기는 단숨에 날아가 버린 것은 물론이다.

#3.

최전방 경험을 이야기할 때면 멧돼지를 만나거나 귀신을 보았다거나 하는 경험은 너무 흔하긴(!) 하다. 그보다 난 법사로서 좀 특별한 경험을 했는데, 바로 북한군 경계병들에게 '부처님오신날 설법'을 했던 일이다.

예전엔 북쪽 병사들에게 남한의 여러 가지를 홍보하는 일들을 많이 했는데, 그 일을 담당하는 부서가 따로 있었다(심리전부대라고 한다). 그 부서에서 부처님오신날을 맞아 계획한 이벤트가 바로 그거였다. 얼떨결에 합류해 며칠 동안 설법원고를 쓰고 검토와 연습까지 반복한 후에 팀 전체가 전방으로 향했다. 작전지역은 인근 부대에 속한 최전방 초소였는데 내가 모르는 곳에서 진행되었기에 더욱 긴장이 되었다. 방탄복을 입고 한참을 달려갔다. 도착한 곳은 인근에서는 남북한 거리가 가장 가까운 곳이라고 했다. 말 그대로 깊은 협곡이 사이에 있을 뿐, 소리 지르면 서로 들릴 만큼 가까웠다. '이런 곳이 있긴 하구나.' 지시에 따라 나는 승복을 꺼내입고 가사와 장삼을 수했다. 좀 전까지 카리스마를 내뿜던 '심리전 장교'들은 어느새 예쁜 사복으로 갈아입고는 마치 피크닉을 온 것처럼 세팅을 마쳤다. 팀원 중엔 여군이 더 많았는데 눈으로 보면서도 같은 사람들이 맞나 싶었다.

말하자면 행복하게 즐기고 있는 남한의 젊음을 배경으로 오늘의 설법이 연출되는 것이다. 앰프와 마이크가 설치되고 이제 내 차례. 이미 외울만큼 반복 연습을 했지만 혹시나 하고 원고를 꺼내든 것이 다행이었다. 긴장 때문에 하마터면 멍하니 하늘만 보다 끝날 뻔했다. 실제로 내가 이야기를 한 시간은 10분이 채 안 되었다. 천천히 한마디씩 또렷하게 읽으라는 주문대로 읽긴 했는데 길다면 아주 긴, 그런 10분이었다.

모든 작전을 마무리하고 다시 차에 올라서야 긴장이 풀려 이것 저것을 물어볼 수 있었다. 그중에 가장 놀랐던 것은 내가 설법을 하는 내내 북쪽에서는 실탄이 장전된 총을 내게 겨누고 있다는 거였다. '북한 애들이 쓰는 러시아 소총은 사거리가 400m정도 밖에 안 되어서 만약에 쏴도 명중은 안 되었을 겁니다' 이런 싸늘한 위로의 말을 덧붙이기도 했다. 등골이 오싹하기도 했지만 나름 다음에 또 기회가 된다면 더 잘해야겠다는 생각도 했는데, 아쉽게도 그 작전은 그해를 끝으로 완전히 사라지게 된다.

그 이후에도 가끔 떠올려본다. '그날 내 이야기를 들은 북한 병사들은 어떤 생각을 했을까' 하고.

부처님 군대 오신 날

21. 군인과 수행자

군인과 수행자

　　그 분이 돌아가신 날은 추운 겨울이었다. 간만에 휴가를 떠나는 길에 부고를 듣고 바로 차를 돌린 것은 당연한 일이었다. 우리 절에서 그 어른은 상징적인 존재였기 때문이다. 예비역 육군 원사. 스무 살도 되기 전에 군에 입대하여 하사 중사 상사를 거쳐 30년 넘는 군 생활을 마친 후에도 이 거사님은 일요일이면 법회에 꼬박 참석했다. 법당의 맨 앞자리는 늘 노부부의 차지였다.

　　법회참석을 해보신 분들은 알리라. 법당 맨 앞자리는 높은 사람들이 앉는 자리라기보다 가장 불편하고 피하고 싶은 자리라는 것을. 누구보다 먼저 그곳에 조용히 자리를 잡으시고 나면, 다른 불자들이 그 옆으로 뒤로 숨듯이 앉는다. 마치 줄을 설 때 기준을 잡는 것처럼. 설법을 할 때엔 뭐가 그리 재미있는지 환하게 웃으며 들어주신다.

　　40년도 더 듣던 설법일 텐데 뭐가 아직도 재미있으실까. "1년이나 2년이면 법사님들이 바뀌고 새로 오시고 하잖아요. 그러니까 난 식상하거나 그러지 않

224

는다우. 군법당은 그게 좋다니까." 말씀을 들어보면 그럴 법도 하다. 법회가 끝나고 법사실에서 차담을 하곤 했다. 그 절은 신도들이 워낙 많아서 남자들만 다실에 들어도 열 명이 넘었다. 그곳에서는 오히려 뒷자리에 앉았다. 그리고는 묵묵히 대화들을 경청한다. 이야기는 보통 현역 간부들이, 그중에서도 장교들이 주로 풀어간다. 나이로 따지면 한참 차이가 나지만 좀체로 나서는 법이 없다. 그림자처럼.

원래 말이 없으신 줄 알았다. 아니면 말솜씨가 별로라거나. 한 번은 초하루 기도를 보살님 따라 오셨길래 법회 마치고는 단 둘이 차담을 했다. 자분자분 옛날이야기를 풀어내는데 입담도 보통이 아니셨다. 생각해보면 당연한 일이다. 그 오랜 세월을 온갖 병사들을 휘어잡으며 이끌어 오셨는데 말솜씨 없이 될 일이 아니다.

"내가 바로 요 앞에 중대에서 행정보급관을 했었어요. 그때 이경규가 내 밑에 있었거든. 이 녀석이 얼마나 잔머리가 뛰어난지 첨엔 애먹었다니까." 연예인 중에서도 꽤 선배급인 이름이 등장하니까 잊고 있었던 이 분의 연배가 퍼뜩 느껴졌다. 수십 년 간 산전수전을 다 겪으며 살아온 시간, 더구나 제대로 된 법당이 없어 천막을 치고 법회를 하던 시절부터 거대한 법당으로 변모하던 긴 세월을 고스란히 지켜보던 분 아닌가. 고난을 이기며 군 생활 하던 시절, 그리고 열심히 기도정진 했던 날들. 법회를 모실 절을 짓기 위해 동분서주 했던 이야기나 조금씩 절이 성장하는 모습에 감탄하고 기뻐했던 일들까지 수많은 경험과 기억들을 차근차근 잘도 풀어내셨다. 그게 전부였다.

다시 일요일이 되면 길어야 5-6년 이 절을 드나든 젊은 군인들의 견해, 그들의 토로를 들으며 다시 묵묵히 고개만 끄덕이고 있다. 이제는 고인이 된 거사님은 그런 분이셨다.

　발인을 하고 영정을 모시고 가면서 처음으로 거사님 머무시던 방을 가보게 되었다. 그동안 간간히 보살님과 주변 분들을 통해 고인의 삶에 대해 들은 적은 있었다. 전역을 하고 나서도 매일 새벽같이 일어나서는 현역 군인처럼 부지런히 사셨다고. 그 삶처럼 그의 방도 노병의 관물대처럼 정갈했다. 이 방에 서슬 퍼런 노스님이 앉아있어도 하나도 어색하지 않겠다는 생각이 들었다. '그 연세가 되도록 어르신은 흐트러짐이 하나도 없었구나.'

　예전에 방송 인터뷰를 한 적이 있다. 질문 중에 스님으로서 군대에 있는 것이 힘들지 않느냐는 물음이 있었고, 가장 오래 고민하게 했던 문장이었다. 언뜻 보면 참 어울리지 않는 조합이기도 하다. 군대라고 하는 곳은 채식을 하며 예불과 불공을 매일 챙겨서 올리는 스님의 삶을 고수하기가 쉽지 않다. 더구나 누군가를 죽이기 위해 삶을 연마하는 집단이라는 데에까지 생각이 미치면 누구나 고민을 하게 된다.

　긴 생각 끝에, "힘든 점도 있지만 여기도 불법을 기다리는 불자들이 있기 때문에 여기 와있다"고 대답을 했었다. 그 후로도 곰곰이 생각을 더해보니, 오히려 군인과 수행자는 참 닮아 있었다.

　엄격한 규율을 지키며 평생 자신의 마음과 몸가짐을 가다듬어야 하는 길. 그 길이 죽음의 언덕 너머까지 이어져 있는 것도 평행선처럼 비슷하다. 생사의 기준을 코 앞에 두고 사는 사람들은 누가 시키지 않아도 절로 간소해진다. 번잡하지 않게 살려 애쓰는 것이 아니라 헛된 욕심이나 미련 따위가 스스로 잘려 나가기 때문에 그렇다. 곰삭은 수행자의 삶이 그러하고, 오랫동안 군인의 길을 고수해온 삶들도 비슷하게 담백하다. 이런 분들은 눈빛부터가 다르다. 말할 수 없이 깊고 고요하면서도 묵직한 느낌이랄까. 예전에 함께 훈련했던 미군 중에도 그런 눈빛을 본 적이 있다. 알고 보니 수차례 험한 전투를 겪으며 많은 전우를 잃기도 했던 베테랑이었다. 태산이 무너져도 쉽게 흔들리지 않을 것 같은, 그러나 알 수 없는 온화함이 묻어나는 그런 눈빛은 외국인이라고 다르지 않았다.

참된 수행자도 마찬가지다. 결국 수행 또한 생사를 걸고 벌어지는 치열한 전투의 연속이다. 아마도 그 때문일 것이다. 큰스님들의 눈빛이 오랜 시간 전투 현장을 이겨온 노병의 그것과 닮아있는 이유는.

'늘 깨어 있으라'는 지상명령도 수행자의 것만은 아니다. 군대 또한 한 순간도 긴장을 놓을 수 없는 집단이어서 24시간 경계근무는 모든 부대의 숙명이다. 낮이건 밤이건 부대에 무엇이 나가고 또 들어오는지를 쉬지 않고 주시하는 모습은, 마음공부를 하는 내내 번뇌의 일어남을 끊임없이 살피는 수행의 좋은 본보기가 되었다.

오죽하면 계戒라는 글자가 창을 들고 경계근무를 서는 모습을 표현한 것이라고 할까. 그처럼 수행자도 군인도 항상 깨어 있어야 그 가치가 유지된다. 그래서일까. 날이 갈수록 물질이 숭배받고 많은 재화를 탐하는 것이 미덕이 되어가는 오늘날에도, 케케묵은 신념이나 가치 같은 것들을 고집하며 세상을 거꾸로 걸어가는 소수의 사람들 중에 수행자와 군인이 많아 보이는 것도 같다.

노병老兵의 49재 또한 잔치처럼 밝았고 명쾌했다. 7·7재 동안 공양 올리는 모든 음식은 장병들을 염두에 두고 마련하기로 했다. 어떤 날은 불단 가득 바나나만 수십 상자가 올라가고, 또 어떤 날은 병사들이 좋아한다는 꿀떡만 줄

지어 쌓기도 했다. 5색 과일처럼 종류가 많아지면 보기는 좋지만 함께 나누기
는 어려운 까닭이다.

　재를 올리는 날이면 법당을 찾은 장병들은 물론 울타리 안에 모든 부대에
과일이며 떡 상자가 배달되었고, 그렇게 수십 년을 병사들만 살피며 살던 어르
신은 떠나는 순간까지 남김없이 장병들에게 베풀었다. 막재 때는 (주지의 부탁
으로) 모든 공양비를 털어서 '불교장례의식'을 정리한 책을 발간하여 인연있는
불자들에게 나누어 주었다.

　이 모든 것들을 유족들이 두말없이 찬성했음은 물론이다. 그것이 남편의
삶이고 아버지의 삶이었다고 내게 일러주면서 말이다. 생전에 무척이나 검소하
게 살았던 고인은 떠나면서도 흔적하나 없이 그렇게 가셨다.

　떠나신 자리가 허전하지만 그늘져 보이지 않고, 생각하면 그립지만 무겁
지 않은 분이었다. 참 많은 것들을 품고 있었지만 말을 아낄 줄 아는 분이었고,
수 십년 부대를 보살피던 발걸음으로 수시로 도량을 둘러보며 주지도 채 살피
지 못한 것들을 넌지시 일러주기도 했다. 법회를 할 때에는 말없이 맨 앞자리에
서 대중을 이끌다가도 대화할 때에는 조용한 청중의 자세로 경청을 하는 것도
기억에 남는다. 그 분의 눈높이에선 우리 모두가 까마득한 후배였다.

　주지를 맡고 있는 법사조차도 인생에서는, 또 그 사찰 안에서는 신참 중에
신참일 수밖에 없었다. 그러니 우리들이 말하고 행하는 중에 얼토당토 않는 것
도 참 많았을 것이고 잔소리하고 말리고 싶은 것도 분명히 있었을 것이다. 그런
데도 담담하게 바라보면서 고개를 끄덕이던 그 마음은 어쩌면 큰 절에 살며 대
중을 두루 살피는 어른 스님의 마음과 꼭 닮아 있었다.

가끔 멀리 걸어가는 군인의 뒷모습을 발견할 때가 있다. 군인의 걸음걸이는 특유의 절도가 있어서 옷을 바꿔 입어도 눈에 잘 띄는 법이다. 그러한 씩씩한 걸음걸이에 세월이 담기고 경륜이 쌓이면 묵직한 든든함이 배어나오는 느낌이 든다.

그리고 이런 생각도 든다. 오랜 세월을 부끄럼 없이 싸워온 노병의 뒷모습이 내가 닮고 싶어했던 어른 스님들의 뒷모습과 참 많이 닮아있다고. 저렇게 천천히 그러나 올곧게 걸어가다 보면 어딘가에서는 서로 만나서 사이좋게 동행하게 될 것만 같다고.

부처님 군대 오신 날

22. 담 너머 소통을 하려면

담 너머 소통을 하려면

그 병사는, 말하자면 사회에서 공연기획의 경험이 풍부한 고급인력이었다. 이름만 대면 알만한 가수의 콘서트를 수차례 기획했다던 그 친구가 마침 우리 부대의 불교 군종병이어서 평소에도 자신의 공연 경험이야기를 자주 들려주곤 했었다. 이 소문을 들은 대대장님이 이 친구를 추천했는데, 바로 지역 축제를 기획하는 자문위원으로 보낸 것이다.

지역 축제라고 우습게 생각하지 마시라. 면 단위 축제도 예산이 보통 1~2억은 넘는 큰 행사라고 하니까. 자금도 두둑하고 여러 가지 지원도 충분한데 단지 부족한 것이 세련된 인력이 없는 게 시골의 단점이니, 젊고 경험 많은 공연 기획자를 헐값에 지원해 준다니 아마 천군만마 였을 게다. 굳이 비교하자면 평소에는 비싼 돈을 들여도 모시기 힘든 연예인을 군복무중이라는 이유로 (무료로) 출연시키는 것과 비슷하다고 할까.

사람 한 명 더 있다고 뭐가 달라질까 싶기도 하지만, 일단 이 친구가 첫 회의를 마치고 뚝딱 만들어낸 행사기획서를 보고는 다들 혀를 내둘렀다 한다. 나에게도 슬쩍 보여주었는데 그냥 서울 공연기획사에서 큰 돈 들여 만든 최고 수준의 기획서였다. 그뿐 만이 아니다. 자신의 인맥을 활용해 TV에서나 보던 가수들을 아주 저렴한 가격, 혹은 차비와 식사비 수준의 비용으로 대거 출연시키기도 했고, 무대장치며 음향 인력들도 깜짝 놀랄 가격으로 전부 서울에서 공수했다. 그랬더니 예전엔 기껏해야 시골 업체에서 만든 무대에 지역 트로트 가수 몇 분이 노래를 하던 공연이 TV에 내보내도 될 만한 수준의 무대와 조명, 그리고 연예인들로 꾸며진 최고의 잔치로 변모했다.

전보다 몇 배의 관객이 몰려든 것은 당연한 일이었다. 더욱 중요한 것은 이전과 비교도 할 수 없는 멋들어진 행사를 만들어 내고도 예산의 반 이상을 남겨서 돌려주었다는 사실이다.

그렇다면 열흘 남짓 이 병사가 입이 부르터가며 뛰어다닌 보답은 무언가. 일단 주최측에서는 '약속한 대로' 해당 부대에 100만원 상당의 회식용 고기를 선물했다. (이 병사가 절약해준 돈을 생각하면 너무 작은 선물이었다) 그럼 병사에겐 무슨 선물이 주어질까. 여러분들의 예상대로 대대장님은, 헌신적인 노력으로 부대에 큰 회식 선물을 확보한 이 친구에게 휴가증을 약속했다. 그것이 그 힘든 일을 하면서도 이 친구가 즐거웠던 이유였음은 당연했다.

그런데, 이게 왠 운명의 장난인지, 회식한 다음 날, 부대의 사정으로 대대장이 바뀌게 된다. 예정에 없던 지휘관 교체라서 급한 일정들 뒤로 자연스럽게 일개 병사의 휴가증 수여는 미뤄지고.

며칠 지나서야 부대 회의시간에 이 친구의 혁혁한 공적(!)과 함께 휴가증에 대한 건의가 대대장님께 보고 되었다. 그러자 이 대대장님 왈 "아니 그렇게 훌륭한 일을 했는데 휴가증 하나 주어서 끝내는 것은 맞지 않다. 내가 직접 사단장님께 보고해서 사단장님 표창을 챙겨주어야겠다."고 했다.

그 후로 나는 오랫동안 휴가증 대신 사단장 표창을 받아온 군종병을 위로해주어야만 했다. 그리고 이 친구보다 더 걱정인 것은 병사들에게 휴가증보다 사단장님 표창이 더 귀하다고 굳게 믿는 그 대대장님이 부대지휘를 잘 해나가실지였다.

갑자기 원효스님의 일화가 떠오른다. 스님이 산길에서 너구리의 어미가 죽은 것을 보고 '아미타경'을 독송하자, 같이 가던 대안스님께서 핀잔을 준다. '새끼 너구리가 그걸 알아 들겠소?' 그리고는 그길로 마을에 가서 젖을 얻어온 대안스님이 어미를 잃은 새끼 너구리에게 먹이면서 이렇게 말한다. '자, 이게 너구리가 알아듣는 염불이오.' 아무리 훌륭한 염불도 맞지 않는 대상과 상황이 있다는 말이다. 그리고 아까 그 대대장님은 배고픈 병사에게 휴가증이라는 젖 대신 표창장이라는 염불을 하사하신 격이 되겠다.

난 이런 경험도 있다. 때는 바야흐로 내가 강원도 화천에서 군법사로 활동을 시작한 첫 해였다. 일요일 아침에 법회 준비를 하는데 마당에서 법사를 찾는 목소리가 들렸다. 내다보니 처음 보는 스님이 서 계셨는데 나를 보더니 호통을 치는 것이었다.

"네가 여기 법사냐? 왜 이리 동작이 굼뜨냐! 얼른 이리 나오래두!"

물론 내가 서른도 안된 법사이긴 했지만 그 스님도 그다지 연세 많은 분은 아니었는데, 초면에 호통이 대단했다. 영문도 모르는 채 달려가니 대뜸 당신의 차를 가리키며,

부처님 군대 오신 날

236

"내 차에 간식들이 있다. 얼른 꺼내서 옮겨 실어라!"

"예 스님. 그런데 무슨 간식입니까"

"오늘 법회 때 쓰라고 내가 특별히 준비한 것이야. 오늘 법회에서 내가 만날 병사가 있으니 어서 앞장을 서라."

사전에 양해를 구한 적도 없이 불쑥 나타난 이 스님의 목적은 아마도 동행하신 신도님의 아들을 만나실 셈인가 본데, 젊은 스님에게 초면부터 심하게 하대를 하신다. 스님의 차를 열어보니 초코파이 2박스가 단촐하게 들어있다.

"스님, 이게 다입니까?"

"이게 다냐니! 스님이 주시면 감사하게 받을 것이지! 그러면 100명도 더 먹일 수 있지 않나!"

"네네, 알겠습니다. 가시지요"

군에 와서 처음 만나는 막무가내 스님인데, 일단 군종병들 보는 눈도 있으니 그저 조용히 길을 나설 수밖에 없었다. 실제로 군법사로 살다보면 가끔 이런 분들을 만나는데, 따끔하게 한 말씀 드리고 싶은 마음과 그래도 군부대에 방문하신 스님들의 위상을 지켜드려야 한다는 마음이 늘 충돌하곤 한다.

차 안에서 스님께서는 당신이 얼마나 큰 절 스님이고 당신 법문을 듣기가 얼마나 행운인지 등등의 귀한 말씀을 내려주셨다. 아무튼 이 아주아주 큰스님을 모시고 20분쯤 달려서 아침 첫 법당에 들어서니 불자들이 나와서 맞이한다. 작은 법당이지만 대대장님 세 분이 다 불자들이셔서 가족들까지 신심이 대단한 곳이다.

"스님. 다 왔습니다. 오늘 법회에는 대대장님 세 분이 다 오셨네요."

그러자 이제 껏 세상 누구보다 위풍당당했던 스님의 눈이 휘둥그레졌다.

"뭐? 대대장님? 그럼 중령쯤 되시는 건가? 아니 그런 이야기는 왜 미리 안 한거야!"

"스님, 군법당에는 병사들 뿐 아니라 간부들도 당연히 참석합니다. 내려서 인사 받으시지요."

무슨 이유인지 모르겠으나 잔뜩 주눅이 든 스님은 정중히 인사하는 간부들에게 코가 땅에 닿을 만큼 숙여서 인사를 하신다. 나에겐 마치 지휘관 처음만나는 이등병처럼 보였다. 그러고는 다시 나에게 와서 속삭이시길,

"난, 오늘 법문 못하겠네. 자네가 법문하시고 난 그 병사랑 면담이나 하고 가야겠네."

그리고는 뒷방으로 빠르게 사라져 버리셨다. 아마도 병사들이 아닌 간부들이 함께 법문을 듣는다는 사실이 크게 당황스러웠던 모양이었다. 따지고 보면 지휘관이긴 하지만 신실한 불자들인 그네들 앞에서는 눈을 못 마주치면서 돌아서서 법사에게는 거칠게 하대하던 스님 때문에 불자들도 꽤 당황하시긴 했다. 이런 경우는 군부대의 불교도 본질적으로는 일반 사찰의 불교와 다르지 않음을 잠시 잊어버리신 경우다.

군법당에서도 스님은 여전히 종교지도자로 존중을 받는 리더이고, 불자로 참석하는 사람들은 그 사람의 계급이 장군이든 이등병이든 상관없이 정성을 다해 삼보를 모시는 제자가 된다.

만일 여러분들이 다른 집단의 누군가와 소통하고 싶다면, 그들의 가치체계와 삶의 방식을 이해해야 한다. 여러분이 귀하게 아끼는 것이 그들의 삶에서

그다지 귀한 것이 아닐 수 있고, 반대로 전혀 다른 듯 싶지만 본질은 똑같을 수
도 있는 법이다.

부처님 군대 오신 날

23. 특별하신 법사님들

특별하신 법사님들

#1.

대체로 불자가 아닌 사람들의 이야기를 들어보면 스님에 대한 정형화된 이미지가 있다. 나 또한 불자임에도 어릴 적에는 '스님이라면 이러지 않을까'하는 고정관념이 있었다. 시간이 지나서 많은 스님들을 만나다 보면 그런 것들은 점점 사라지고 스님들 숫자만큼 제각각 다양한 모습이 존재한다는 사실을 깨닫게 된다.

그럼 군법사는 어떨까. 스님이니 늘 자비롭게 웃으며 말 수가 적고 세상 일에는 어두울 것 같은가. 아니면 군인이니까 늠름하고 씩씩하며 호쾌하게 말하는 사람일 것 같은가. 독자가 무엇을 생각하든 그 모든 것이 정답이다. 게다가 절에서 대체로 정해진 역할을 소화하는 일반 스님들과 달리 날마다 변화하는 포교현장을 뛰어다니는 군법사들의 독특함은 더욱 다양하면 했지 덜하지는 않을 것이다.

너무나 많은 장병들과 그 주변사람들을 두루 만나고 소통하려면, 게다가 해마다 정신없이 새로운 청년들이 입대하고 또 전역하는 숨가쁜 현장에서 일하려면 없던 능력도 끌어와야 하는데, 하물며 숨겨둔 능력이 있다면 무조건 끄집어 내어 펼쳐야 하는 것이 법사의 숙명인게다.

#2.

군법당의 일반적인 풍경은 이렇다. 법사님이 장병들과 법회를 하고 있으면 보살님들이 맛있는 간식을 준비하는 것. 그런데 우리 지안 법사님은 반대다. 법회 전부터 직접 장을 보고 음식 준비를 해두는가 싶더니 법회가 끝나자 마자 앞치마를 두르고 요리를 시작한다. 메뉴도 일반적으로 군법당에서 즐겨찾는 간단한 것들이 아니다. 고급 중국요리들부터 오븐으로 구워내는 빵, 쿠키까지 다채롭다. 알고 보니 스님이 되기 전에 벌써 한식, 중식 그리고 일식 자격증까지 보유한 전문가! 그래서 전방의 자그마한 법당에 머물면서도 뚝딱뚝딱 병사들을 위한 식당건물을 짓자마자 큼직큼직한 조리설비들을 설치했다.

내가 가장 놀란건 거대한 오븐이었는데 이제껏 본 중에 제일 큰 것이었다. "100명분은 만들어 줘야 하니까!" 성격까지 유쾌한 이 법사님의 장담대로 평소에는 30명도 넘기기 힘들던 이 법당에 얼마 지나지 않아 법당이 넘쳐날 만큼 병사들이 몰리기 시작했다.

물론 법회 때는 더없이 멋진 설법으로 가르침도 주면서 음식에는 놀라움과 정성을 담아 준비하는 스님이라니. 이건 도저히 실패할 수가 없는 사찰이 된다. (스님은 현재 군문을 떠나 경북 영천에서 수행중이시다)

#3.

스님이라면 보통 세상일에, 특히 첨단기술에 무딘 사람들로 느껴지기 쉽다. 나 또한 어렸을 때에는 꽤 세상에 밝고 유행에도 둔하지 않았지만 출가라는 것을 하고 살면서 금방 시간의 흐름을 잊게 되고 정신없이 돌아가는 세상을 다 따라가지 못하게 된 것을 보면, 스님들의 삶이란 그런 쪽에 가깝긴 한가보다. 하지만 세상에 예외는 있다.

소문에 듣자하니 모교인 동국대학교에서 해마다 치르는 컴퓨터 경진대회에서 1등을 차지한 스님도 있다고 한다. 직접 보지는 못했지만 랩을 능숙하게 하는 비구니 스님도 있다고 하니 이젠 그런 것들이 놀라운 일은 아닐 수도 있겠다. 법사님들 중에서도 컴퓨터를 잘 다루는 분들이 많다. 일단 장교가 되었으니 누구나 개인업무는 매일 해야 한다. 게다가 누구의 도움도 없이 법회를 준비하고 책자를 만들기도 하다보면 숨겨둔 비장의 재능이 자주 드러나기도 한다.

수년 전의 일인데 군종병과 60주년을 기념하는 영상을 육군본부에서 기획했었다. 예산도 3천만원이나 마련했었는데 6개월 동안 열심히 작업하시던 담당 목사님이 가져온 결과물이 너무나 안타까웠다고 한다. 결국 돈은 돈대로 다 쓰고 시간도 얼마 안 남은 상황에서 이 업무가 일을 '열심히' 할 법한 법사님에게 떠넘겨졌다. 평소에 컴퓨터는 사용하고 있었지만 업체에서도 망해버린 동영상 작업을 할 수 있을까.

결론부터 말하면 한 달 정도 주어진 시간 동안 낮에는 자료를 수집하고 밤에는 동영상 프로그램을 독학해가며 노력한 결과, 미군 장성들과 육군 총장님까지 모시고 치른 60주년 기념식에 맞춰 당당히 영상을 상영할 수 있었다. 들어보니 군종병과 60년 역사에서 법사님이 영상을 담당한 것도 처음이고, 전문업

체의 손을 거치지 않고 만든 것도 처음이었다고 한다. (당시 나와 함께 고생했던 동기 지운스님께 격려를)

#4.

깜짝 놀랄만한 재능이 있어서 기억에 남는 법사님도 있지만 예상 외로 기묘해서 기억되는 분들도 있다. 워낙 넓은 지역을 차로 달려야 하는 직업이기에 운전에 관한 에피소드가 참 많지만 유독 법사님들 중에 신묘한 드라이버가 많으신 듯 하다. 오래전에 전역하신 어떤 법사님은 강원도 전방에서 법회를 마치고 저녁에 도반들과 만나 밤새 차담을 하시다가 다른 법사님들이 새벽에 잠깐 잠든 사이에 부산에 와서 새벽기도를 드리고 전화로 모닝콜을 해주곤 했던 분이 있다. 이 분은 엄청난 속도광이시만 운전에 관해서는 무척 경건했는데 예를 들어 차에 오르실 때에는 옷 매무새를 다듬고 신을 벗은 후 맨발로 탑승하셨다고 한다. 안전벨트까지는 천천히 맨 후에는 총알처럼 달려 나가서 웬만해서는 그 속도를 늦추지 않았다는 전설들이 여럿 전해져 온다.

요즘에도 신도들을 먼저 다 보내고 난 뒤 출발해서는 목적지에서 여유 있게 먼저 떠났던 사람들을 맞이하는 법사님들은 참 많다. 그만큼 법사님들의 운전 실력은 대체로 수준급이다. 속도도 그렇지만 운전에 관해 내가 아는 가장 안타까운(?) 사연은 대전에 법회를 가셨다가 갑자기 전주에서 부고를 듣고 달려가고, 그 사이에 들려오는 부고를 따라 부산, 청주, 서울의 장례식장 거쳐 그 다음 날 새벽 원주에서의 예불시간까지 20여 시간을 꼬박 운전하며 달려야 했던 사연도 있다. 이게 법사의 삶인 게다. (운전의 달인 법기 법사님께도 심심한

위로를)

#5.

　　내가 강원도 양구에 살 적에는 30여 년을 한결같이 군법당에서 기도해온 어르신들이 많았다. 그 동안 스무명 가까운 법사님들을 겪었으니 공양시간마다 풀어놓는 옛날 이야기들이 그대로 나에겐 배울거리가 되곤 했다. 슬픈 이야기도 많고 아쉬운 이야기도 많았지만 그중에 잊혀지지 않는 선배 법사님 이야기가 있었다. 이 분은 몸도 왜소하고 뭘 잘하시는 것도 없는 분이셨다고 한다. 기도도 어려워하고 염불하는 것은 너무 잘 틀려서 다들 그러려니 하며 지냈다고. 신도들도 별로 없지만 설법은 그 중에서도 제일 아쉬운 부분이었단다.

　　법사님이 일요일에 법상에 올라가면 다들 가슴을 졸이며 보아야 할 정도였는데, 부처님오신날에는 사단장님부터 간부들이 다 오시니 얼마나 큰일이었겠나.

　　그 해 초파일 준비는 연등을 만드는 것이나 음식 장만하는 것은 하나도 걱정이 안 되었고 오직 법사님이 '간부들 앞에서 설법을 제대로 하실까' 이것이 가장 큰 걱정거리였다. 그래서 설법을 하시는 내내 보살님들이 법당 뒤에서 두 손을 꼭 모으고 바라보았고 생각보다 잘 '읽고' 내려오셔서 너무 다행스러워 했다는 분이었다. 그런데 이 법사님이 기억에 남는 것은 다른 이유였다. 이렇게 스님으로서 뭐 하나 내세울 게 없는 분이었지만 자비로운 마음 만큼은 비할 바가 없었다.

　　신도들이 다들 나이가 들어 거동이 불편하시니 법사님이 자주 차를 몰고

노보살님들을 모시고 다녔는데 하루는 어느 노 보살님이 법사님 차를 타고 가시다가 앉은 자리에서 설사가 나와 버렸다. 노보살님의 죄송함과 민망함이 얼마나 컸을까마는 법사님은 연신 웃으며 "괜찮아유"를 연발하시며 집까지 모셔다 드렸단다. 이 보살님들은 그 다음에도 법사님의 차를 계속 얻어타고 다녔다. 나름 열심히 닦으셨겠지만 한 동안 차안에 그 냄새가 가시질 않았는데도 법사님은 싫은 내색, 말씀 한마디 없으셨고 그 때 그 신도들은 지금까지도 법사님을 잊지 못하고, 또 이 법당을 떠나지 못하고 있다고 한다.

한 번은 어떤 보살님이 정신이 좀 불편한 아들을 데려왔었다. 보통 아이를 데려오면 혼자놀게 놔두고 부엌 일에 여념이 없는데 아이들은 마당을 뛰놀지 않으면 신기한 게 많은 법사님 방을 드나들곤 한다. 차담을 마치고 방에 들어온 법사님이 보니 이 아이가 법사님의 노트북 컴퓨터 앞에 앉아 물을 붓고 있는 것이 아닌가. 그때 법사님은 성치 않은 아이라서 야단을 쳐도 어차피 못 알아 들을 것이고 물의 양을 보니 어차피 컴퓨터는 되살리기 어려울 것 같다는 생각이 들었단다. 그리고는 물어보았다.

"여기에 왜 물을 부었니?" 아이는 키보드를 가리키며 말했다.

"여기가 밭고랑같이 생겨서 물을 주면 싹이 나올꺼에요."

"그렇구나. 여기에 물을 주면 싹이 나올 수 있겠구나. 잘했다."

이렇게 대화하는 모습을 다른 보살님들은 물론 아이의 엄마도 그대로 보고 있었다. 나중에 그 컴퓨터를 어찌 하셨는지는 알 수가 없지만 염불도 설법도 능숙치 않는 법사님을 오랜 시간 지나도록 신도들이 존경하고 잊지 못하는지는 알 수 있었다.

부처님 군대 오신 날

24. 고마우신 스님들

고마우신 스님들

길고긴 편지의 마지막 장이다. 이젠 하고 싶었던 이야기들 보다는 빼 먹으면 안되는 이야기들이 없는지 잘 살펴야 하는 부분이다. 매번 글을 쓰면서 새로 느꼈던 것이 하나 있다. 처음 글을 시작했을 때에는 〈군불교〉라는 매우 특별하고 독특한 일상을 전하고자 하는 마음으로 시작했다. 나름 군법사가 꽤 특이한 일을 하는 사람이란 생각이 많았나보다. 하지만 막상 글을 쓰려고 자료를 모으고 생각을 더듬다보니 '포교를 업으로 하는 여느 스님들과 크게 다르지 않은 일상이구나' 하는 생각이 참 많이 들었다.

그럼 그렇지. 포교하는 일이 노력하는 자리만 다를 뿐 그 본질은 다를 수 없지 않겠나. 그런 의미에서, 군불교를 위해 땀 흘리는 사람들이 꼭 군법사만 있는 것은 아니란 사실을 잊지 않고 꼭 말씀 드려야겠다고도 생각했다. 그냥 법사들의 활동을 돕고 계신 차원이 아니라 오히려 군법사들을 고개 숙이게 만들고 게으르지 못하게 긴장시켜주시는 어른들이 우리 주위엔 많이 계신다.

#1.

나 뿐 아니라 모든 법사들이 그렇겠지만 군포교에 헌신적인 스님을 꼽으라면 다들 첫 번째로 지행스님을 꼽을 것이다. 우선 스님께서는 사관학교 후원 단체인 '보문회'의 지도법사다. 장교를 길러내는 사관학교가 안타까워 힘을 모아 각급 사관학교들을 후원하기 시작한 모임인 '보문회'는 창립 멤버가 거의 돌아가신 지금도 여전히 활발히 활동 중인데 그런 역사가 벌써 30년이 넘었다고 한다. 그렇다고 지행스님이 사관학교만 챙기시는 것은 아니다. 일반 법회 그것도 대대급의 작은 법회를 챙기시는 것은 아마도 역대 최고가 아닐까 싶다. 전방 오지에 법사가 없는 법당에서 요청만 하면 마다하지 않고 달려가시는데, 그것이 한 두 번 초청법회가 아니라 매주 정기법회를 떠맡아 주신다.

예를 들면 이렇다. 내가 처음 임관하던 십 수년 전에는 강원도 오지와 경기도 전방, 거기에 충청도 일부지역까지 구석구석 찾아가는 법회가 매주 열 군데가 넘을 때도 있었다고 한다. 말이 열 곳이지 그것이 한 지역에 몰려있는 것도 아니고 대부분 길이 험한 오지인데다 기껏 모여봐야 병사들 밖에 없는, 그러니까 법회에 드는 비용도 다 스님이 마련해야 하는 상황이다. 그럼 스님이 주석하시는 절이 아주 부유한 절일까. 당연히 아니다. 보통 군법당에 열정적으로 지원해주는 절은 가난한 절이 오히려 더 많다.

특히 스님의 절은 웬만한 군법당보다 어려운 살림이었는데 그나마 들어오는 보시금은 당연히 군법당으로 모두 돌리시곤 했다.

처음 임관해서 전방부대에 배치 받은 철없는 우리들이 매주 주말에 5번, 6번 법회하면서 힘들고 열악하다고 투덜댔고, 그럴 때마다 스님은 그런 우리를 다독이며 고생 많다고 격려해 주셨다. 그러나 얼마 지나지 않아 스님의 그 강행

군을 전해 듣고는 다들 부끄러워 얼굴을 못들곤 했었다. 세납도 승납도 높으신 스님이지만 언제나 어려운 현장을 찾아다니며 힘을 주시고, 그러면서도 빛나는 자리는 법사들이 서라며 밀어주시는 스님! 많은 후배법사님들도 이 스님의 실천을 배우며 늘 겸허하고 긴장하며 살았으면 좋겠다.

#2.

지금은 주지의 자리를 반납하고 선방으로 안거를 들어가신 능원스님은 군법사 선배님이기도 한 분이다. 남해 보리암에 10여 년 주석하시며 수많은 군법당 불사를 지원해 주셔서 어떤 이들은 보리암의 수입이 다 군포교에 지원되는 것 아니냐고 묻기도 했다.

내가 처음 스님을 뵌 것은 주지로 오시기 전, 선객이셨을 때였다. 군법사 생활 3년 동안 속세의 때가 많이 묻었다고 전역하시며 10년 수행을 작정하고 떠나셨는데, 무섭게도 한철도 쉬지 않고 내리 20안거를 다 채워 정진하시던 바로 그 시절이다. 그렇게 선방으로 수행만 하러 다니며 가진 것 없이 지내셨지만, 그 와중에 받는 해제비 모두와 가끔 생기는 법사비까지 모아서는 매년 논산훈련소 수계식에 내놓으셨다고 한다.

당신께서는 맞지 않는 부분이 있어 3년만 하고 나왔지만, 군포교가 정말 중요한 일이기 때문에 가진 것을 다 내놓는 것이라고 늘 말씀하시며 말이다. 10년 안거수행을 마치시고 보리암으로 주석하시면서 군법당 지원은 그 규모가 훨씬 커졌다. 운영능력이 탁월하여 종단에서 포상을 받으실 만큼 사찰도 크게 일으키셨는데, 그렇게 절에 쓰고 남은 재정을 지역사회와 포교현장에 아낌없이 지원해주셨다. 그 가운데에서도 전국의 군법당을 당신 절처럼 지원하신 것은 두 말할 필요가 없다. 스님께서는 단순히 지원만 하는 것이 아니다.

내가 창원에서 근무할 때에는 사단장과 부대 주요직위자들을 초대해 자주 격려해 주면서 장군들 사이에서 불교의 위상을 세워주고, 또 불자 장성들을 끊임없이 챙기시며 격려도 해주는 몇 안되는 어른 스님이었다.

특히 높은 자리에 잘나가는 장군들이 아니라 낙마하거나 소외된 처지에 있는 불자 장군들을 더 먼저 찾아가 격려해 주시는 분은 정말 찾기 어렵다. 현역의 군법사들은 젊어서 패기있게 활동할 수 있다. 그러나 젊기에 채 소화하지 못하는 부분도 분명 있다.

특히 장군들을 비롯한 지휘관급의 불자들은 이처럼 종단의 어른들이 두루 살펴주시면 큰 도움이 된다. 개인적으로는 물질적 후원을 해주시는 어른도 좋지만 지금 꼭 필요한 어른은 이렇게 장성 지휘관들을 잘 섭수해 주시는 분들이라고 생각한다.

#3.

대전에 거주하시는 원중 혜광스님은 동진출가를 하시고 수행하시던 중에 군입대를 하셨다고 한다. 군법사도 잘 모르시던 상태로 논산훈련소에 배치를 받았고 신분이 스님이다 보니 그냥 군종병 시켜야겠다 하고는 법당에 보내졌단다. (그때는 그러했다고 한다) 그게 벌써 30여 년 전. 매주 수백, 수천 명씩 몰려드는 그 법당에서 새벽에는 기도하고 낮에는 일하면서 어마어마한 군종병 업무를 보게 되었다. 그 중에 가장 기억에 남는 일은 한 달에 한 번 수계법회를 1천

명이 넘게 하는데 그 수계증을 밤 새 손으로 일일이 써서 만들어야 했던 일이라고 하셨다. 다시 말하지만 컴퓨터도 없던 30년 전이다.

수계식 날이면 법당이 좁아서 마당에 바글거리는 병사들 사이로 다니며 간식을 나눠주고 수계증을 나눠줘야 했던 시절. 듣기만 해도 아득한 군종병 생활을 꼬박 3년을 하고 난 스님께서는 누구나 기다리던 전역일에 은사스님께 전화를 드렸다.

"스님! 여기 군법당이 너무 중요하고 귀한 일인데 손이 많이 필요하겠네요. 저는 여기서 한 일 년 더 봉사하다 돌아가겠습니다." 만화 같은 이야기와 함께 군포교와 깊은 인연을 맺으신 스님은 이후에도 많은 군법사들을 제자처럼 살피고 후원해주고 계신다.

얼마 전에 인근 법사들이 스님께 공양을 대접하는 자리에 막내 행자를 대동하고 오셨다. 요즘 아이 같지 않게 침착하고 잘 한다고 자랑하시며 말씀하시길 "계 받고 스님 되면 바로 군법사를 가거라. 군법사가 가장 귀한 일이니 가서 많이 배울 수 있을게다." 군승들에게 이보다 더 크고 진한 격려의 말씀이 또 있을까 싶다.

사실 교계에는 내 제자가 군법사로 갈까봐 노심초사하는 분들도 많다고 한다. 혹여 이런 저런 인연으로 제자가 군승으로 복무하고 있으면 이제나 저제나 연락해서 빨리 전역해 돌아오라고 부르시기도 한다. 그런 와중에서도 젊은 스님들이 서툴지만 땀 흘리는 모습과 포교의 현장을 있는 그대로 인정하고 격려해 주시는 어른들을 뵐 때면 그 감사함에 고개가 숙여지고 또 더욱 옷깃을 여미고 정진해야겠다 다짐하게 된다.

#4.

당장 떠오르는 몇 분의 스님만 소개했지만 물론 다 열거하지 못할 만큼 많은 어른스님들이 군포교의 현장을 보듬어주고 계신다. 특히 젊은 혈기로 뛰어다니는 군승들이 놓치는 부분들을 때로는 질책으로 때로는 가르침으로 잘 다스려서 보완해 주시는 분들이 계시기에 이 포교현장이 잘 발전하고 있다고 생각한다.

포교도 결국 수행의 한 방편이다. 남을 이롭게 한다는 것에만 치우치면 정작 제 공부는 살피지 못하는 잘못을 저지르기 쉬운데, 포교하는 사람들이 가장 경계해야 하는 부분이다. 때문에 우리들에게도 여전히 본받고 따라야 할 스승이 필요하다.

보이든 보이지 않든 수많은 스승님들이 계시고 또 수많은 제자들이 머물며 늘 수행하고 성장하는 곳! 어찌보면 군불교는 거대한 하나의 사원이며 동시에 연화장 세계라는 생각이 든다. 이처럼 가르치면서 배우고 도우면서 은혜를 입는 자비롭고도 신비한 정토세계 안에서 정진하는 오늘이 나는 날마다 감사하고 행복하다.

에필로그

공감,

스물 네 편의
논픽션드라마

김윤희
월간 · 도서출판 맑은소리맑은나라 대표

대략 10여 년 전의 일이다.

군종법사 두 분에게서 연락이 왔다. 기존의 군종교구 카렌다와는 다른 컨셉의 카렌다 작업에 함께 참여하자는 제안이었다. 당시 30대 중, 후반의 두 분 법사님은 소위 요즘 젊은 청년들이 갖고 있는 재기발랄함을 지니고 있었으며 업무에 있어서도 매우 창의적인 군법사님들로 열린 사고의 군인들이었다.

그 업무를 계기로 법사님들과의 연은 계속 이어졌고, 급기야 문장력이 뛰어난 한 분 법사님은 내가 발행하는 불교전문 매거진에 「군불교 이야기」라는 연재글로 일반인들에게는 적잖이 생소한 군대 문화를 '찰진 입담'으로 풀어내기 시작했다. 바로 지용법사님이었다.

한 호, 두 호를 발행하는 동안 법사님의 글은 흥미진진한 소재와 함께 '기다려지는 군대이야기'로 독자층을 두텁게 해 주었다. 한 해 동안의 연재를 약속하며 시작된 원고는 결국 2년을 채웠고 연재 종료는 단행본 발간이라는 새로운 방향으로 키가 맞춰지고 있었다.

그럼에도 법사님은 반신반의하는 눈치였다. '단행본으로 엮을만한 내용인가?'라는 자문과 '출판사에 도움이 되는 책이 될까요?'라는 꽤나 일관된 겸양의 태도를 보이셨다.

2020년 허를 치고 들어 온 듯, 지구촌의 팬더믹 코로나 19는 세계를 주눅들게 만들었다. 세상의 모든 것은 멈추었고, 바삐 돌아가던 너나 없는 일상은 포스트코로나 라는 신조어를 탄생케 했다.

만나 눈을 맞추어야 할 일도, 함께 소통을 해야 하는 일도 결국은 최대한 간소하게, 더는 비대면으로 대폭 선회를 해야 했다.

'위기를 기회로!' 내면의 캐치프레이즈를 꺼내들고 단행본 작업에 착수했다. 법사님에게는 부족분의 추가 원고를 요청해놓고 연말을 전후한 출간을 목표로 그렇게 「군불교 이야기」는 「부처님 군대 오신 날」이라는 제목을 달고 출발했다.

글과 그림에 소질 있는 지용법사님과 단행본 출간이 잦은 글쟁이 후배 유철주, 그리고 나는 삼엄한 코로나 속을 뚫고 몇 차례 만나 의견을 교환했고 책의 제목과 챕터별 소제목에도 세밀한 논의를 해야 했다. '흥미로워야 한다.' '기교가 없어야 한다.' '구어체적 찰진 표현은 살리자.' 등 제 소리도 각각 이었다.

모든 일에도 공히 적용되는 말이지만 책을 편집하여 출간하는 일에서는 특히나 참여하는 숫자 만큼 의견도 분분함을 알 수 있다. 각자는 나름, 글 속에서 산다고 해도 지나침이 없을 서로였기에 주장과 견해 역시 3인 3색이었다. 그러나 좋아지기 위한 과정이었다.

그런 일련의 과정을 거쳐 시대상을 반영한 「부처님 군대 오신 날」은 재미난 군불교 이야기로 탄생을 예고하게 된 것이다. 그러나 군대라는 집단이 갖는 특성과 개방하지 않는 군대 내부 이야기는 '검열'을 거쳐야 하는 통과의례 속에서 파격적인 간결함을 요하는 듯했다.

이유인즉, 공직자인 '지용법사'는 인세라든가 저자 차원에서의 판매수익을 한 푼도 받지 않겠다는 선포였다. "행여, 수익이 창출된다면 군종병 내지, 군포교에 최소한의 성의를 표해 주면 좋겠노라"는 소신을 밝히고 있었다.

불교가 주창하는 자慈와 비悲를 쓸 줄 아는 법사, 군대라는 집단에서 장교로서 갖는 의식이 투철한 군인이 분명했다.

흔히 '음식은 먹어야 맛이다.'라는 말을 한다. 그렇다면, '군대도 가 봐야 안다.' '책도 만들어봐야 안다.'라는 말을 글로 옮기려 한다.

더불어 누구에게라도 군대는 가족의 이야기, 주변인의 이야기로서 한 번쯤은 '내 일' '내 가족의 일'이 되는 전 국민 공감 논픽션다큐라는 사실이다.

책을 출판하는 출판사 대표로서, 불교인으로서「부처님 군대 오신 날」을 출간하게 된 기회는 크나큰 자부심이며 자랑이다.

또한, 글 속에 등장하는 인물들과 가장 나중에 소개한 포교 일선의 스님, 군법사님들께 저자 지용법사님을 대신하여 진심을 가득 담은 감사의 인사를 드린다.

함께 의견을 나누고 자신의 책인양 적극 가담한 후배 유철주에게도 고마움을 전한다.

사람들은 도인보다는 이론과 실재가 동일하여 자비가 넘치는 신념의 수행자를 더 좋아한다.

지용법사님을 떠올린다.

부처님   군대 오신

날

글쓴이. 지용

1995년 동국대학교 불교학과 입학
1999년 졸업과 함께 송강스님 은사로 출가.
2001년 군종법사로 임관,
3사관 학교, 육군본부 군종실을 거쳐
현재 육군 충의부대 충의사에서
수행 중이다.

초판 1쇄 인쇄 2021년 4월 09일
초판 1쇄 발행 2021년 4월 20일
초판 2쇄 발행 2021년 5월 20일

글쓴이 지용_ 군법사
펴낸이 김윤희
펴낸곳 맑은소리맑은나라
디자인 방혜영

출판등록 2000년 7월 10일 제 02-01-295 호
주소 부산시 중구 중앙대로 22 동방빌딩 401호
서울사무소 서울특별시 용산구 한강대로 259
고려에이트리움 1613호
전화 051-255-0263 **팩스** 051-255-0953
이메일 puremind-ms@hanmail.net

ISBN 978-89-94782-84-3 03220

값 15,000원